Noções introdutórias de
Teoria Geral do Processo

W373n Chedid, Luciano
        Noções introdutórias de teoria geral do processo / Luciano Chedid. 2. ed. rev. ampl. — Porto Alegre: Livraria do Advogado Editora, 2004.
        160 p.; 14x21cm.

        ISBN 85-7348-316-4

        1. Processo Civil. 2. Teoria geral do processo.
        I. Título.

                        CDU 347.9

        Índices para o catálogo sistemático
        Processo Civil
        Teoria geral do processo

        (Bibliotecária responsável: Marta Roberto, CRB-10/652)

Adriana Weber
Luciano Chedid

Noções introdutórias de
Teoria Geral do Processo

Segunda Edição
Revista e Ampliada

livraria
DO ADVOGADO
editora

Porto Alegre, 2004

© Adriana Weber & Luciano Chedid, 2004

Revisão
Rosane Marques Borba

Capa, projeto gráfico e diagramação
Livraria do Advogado Editora

Direitos dessa edição reservados por
Livraria do Advogado Editora Ltda.
Rua Riachuelo 1338
90010-273 Porto Alegre RS
Fone/fax: 0800-51-7522
E-mail: livraria@doadvogado.com.br
Internet: www.doadvogado.com.br

Impresso no Brasil / Printed in Brazil

Este livro é dedicado a todos aqueles que buscam a justiça.

Prefácio à Segunda Edição

Costumava abrir minhas aulas de Processo Civil com uma frase: "quem não aprender as teorias da ação, não conhecerá a ciência processual". O impacto era natural e de difícil absorção pelos alunos, pois, de chofre, entrava na discusão da matéria teórica processual que, para a maioria (para não dizer a totalidade) dos alunos da graduação era desconhecida.

O Direito é ciência hermética por sua própria natureza. O hermetismo pode ser debitado ao fato de os operadores do Direito falarem no e para o processo: o advogado e o promotor público, para o juiz, e este, para o tribunal que (re)examinará sua sentença. Isto é, quem não tem conhecimento científico mínimo não entende uma linha do que é dito numa peça jurídica. Muitas vezes, diante do palavreado próprio das questões jurídicas de alta (ou nem tanta) indagação, o leigo chega ao cúmulo de querer saber do seu advogado (ou do juiz, ou do promotor) se ganhou ou perdeu a ação.

Quem inicia a vida acadêmica no Direito não foge muito à regra do perfil traçado. São pessoas recém-vindas do segundo grau, onde não existe qualquer preparo para enfrentar esta ou aquela dificuldade no terceiro grau de instrução. Colocado frente a frente com a doutrina jurídica, o aluno dos primeiros semestres apresentará dificuldades para estudá-la e entender o falario dos professores e dos alunos mais antigos. Sentir-se-á deslocado, muitas vezes sem estímulo e outras tantas terá uma formação deficiente. Observe-se que tal constatação não invalida a aridez (para os não-iniciados) como certas matérias devem ser tratadas quando abordadas em nível científico. Pretende-se apenas deixar exposta a dificuldade pragmática no início da vida na escola superior.

Conscientes destas complexidades, Luciano Chedid e Adriana Weber procuram das ênfase a questões que não são abordadas em outras publicações do gênero. Explicam com minudência os principais termos utilizados e que servirão à compreensão do leitor no desenvolver dos estudos, ao memo tempo que aguçam a curiosidade pela pesquisa, pois não deixam de expor as idéias dos processualistas clássicos. Significará, então, a realização de uma preparação consistente, pois vai alicerçando o trabalho desenvolvido em anteriores e sólidas explicações fundamentais ao conhecimento futuro.

Esta é uma das razões do sucesso editorial desta obra, chegando à segunda edição. A magnífica produção dos professores autores não se restringe a detalhar as principais incidências doutrinárias a respeito desta importante parte da ciência processual. Reúne, isto sim, uma gama enorme de informações que são de utilidade sem par aos estudiosos da matéria e serve de orientação para quem pretende iniciar-se na difícil tarefa de entender com precisão a parcela teórica do processo. Também por isso não ficam adstritos a um simples manual prático; igualmente não se deixam seduzir pela antigas sebentas, agora renovadas em atrativos livros de bolso, adaptados para concursos públicos. Tem mais, muito mais.

A outra razão do bom êxito editorial está enfeixada nas qualidades pessoais e intelectuais dos autores. Luciano conheci nos encontros e reuniões de professores e nas tertúlias processualistas anteriores às aulas na Universidade. Profundo conhecedor de Processo Civil, sempre aliou este valor a uma outra virtude, reconhecida nas salas de aula e nos corredores universitários: transmitir com simplicidade aos alunos a matéria, sem deixar de lado a exigência pelo trabalho acadêmico. Adriana tive a honra de ser seu professor na Faculdade de Direito da ULBRA, ocasião em que já revelava pendores para a ciência do Processo Civil. Expunha idéias com naturalidade e conhecimento, deixando antever sua futura intimidade com o assunto.

A recomendação da leitura, seja por estudantes, seja por candidatos a concursos públicos, ou profissionais da área, é obrigatória. Serve a todos, indistintamente. Não só para leitura, é livro também de consulta, tal o grau de informações que contém, em linguagem acessível e fácil de recordar. Consolida-se, nesta segunda edição, como uma das melhores obras de Teoria Geral do Processo.

Carlos Alberto Bencke
Mestre em Direito pela UNISINOS
Desembargador do TJRS e seu 3º Vice-Presidente

Prefácio da Primeria Edição

Luciano Moysés Pacheco Chedid, neste seu Noções Introdutórias de Teoria Geral do Processo, ora publicado pela Livraria do Advogado, procurou e conseguiu elaborar um trabalho de cunho didático, sucinto sem ser superficial e com o conteúdo e consistência adequados para a utilização diária dos estudantes de Direito. A conceituação expressa na formulação inicial contida em sua obra como segue: "o Direito Processual é ramo autônomo e unitário, sendo identificado como de Direito Público. Seu objeto é o processo, instrumento utilizado pelo Estado na composição de interesses e, na atuação da lei" sinaliza a forma clara e de fácil compreensão utilizada na abordagem da temática.

A Universidade Luterana do Brasil - ULBRA vem incentivando fortemente a produção científica do seu corpo docente, dando ênfase à elaboração de Manuais que sirvam de instrumento de apoio didático-pedagógico. Nesse contexto, a iniciativa do Professor Chedid inscreve-se no rol dos pioneiros que, no Centro do Direito, ousaram enfrentar esse desafio, desbravando para seus colegas um mundo virgem e inexplorado.

Luciano Chedid trilha um caminho profissional seguro e de crescentes realizações, combinando a atuação de advogado e professor, com o doutoramento em Direito Público e Privado pela Universidade das Ilhas Baleares. Pós-graduado em Ciências Políticas pela UL-BRA, leciona a disciplina de Teoria Geral do Processo e Processo Civil II na mesma universidade e publicou, entre outros, os artigos sobre "A Defesa Ambiental em Juízo" e "Os Meios Processuais de Defesa Ambiental".

É de grande valia e seguramente altamente oportuna a elaboração do presente Manual, que em muito contribuirá para a sedimentação dos ensinamentos transmitidos pelo professor ao aluno, fonte permanente de consulta e instrumento valioso para o correto desenvolvimento do processo ensino-aprendizagem.

Luiz Carlos Moreira
PhD (Sorbone) em Direito Internacional Público.
Coordenador do Pós-Graduação em Direito da ULBRA.

Sumário

Nota introdutória 17
1. Teorias dualista e unitária 19
2. Finalidade do processo 21
3. Participação e processo 22
4. Direito Processual: noções gerais 23
   4.1. Lide e modos de composição da lide 25
   4.2. Construção de um conceito de lide 26
      4.2.1. Conflito de interesses 26
      4.2.2. Pretensão 26
      4.2.3. Lide 27
   4.3. Intervenção estatal e resolução da lide 27
   4.4. Outras formas de resolução dos conflitos de interesses 27
5. Linhas evolutivas do Direito Processual 29
6. Denominação do Direito Processual e sua divisão 30
7. Relação jurídica de Direito Material e de Direito Processual 31
8. Princípios gerais do Direito Processual 32
   8.1. Princípios informativos 32
      8.1.1. Princípio lógico 33
      8.1.2. Princípio econômico 34
      8.1.3. Princípio político 36
      8.1.4. Princípio jurídico 37
      8.1.5. Princípio da efetividade 38
      8.1.6. Princípio da instrumentalidade 38
   8.2. Princípios processuais constitucionais 38
   8.3. Princípios gerais do processo 40
      8.3.1. Princípio do juiz natural 40
      8.3.2. Princípio da imparcialidade do juiz 41
      8.3.3. Princípio da autonomia ou princípio da independência ... 42
      8.3.4. Princípio do controle jurisdicional ou princípio da inafastabilidade 43
      8.3.5. Princípio da justiça gratuita ou princípio da gratuidade judiciária 43
      8.3.6. Princípio da investidura 44

8.3.7. Princípio da improrrogabilidade da jurisdição ou
       princípio da aderência ao território 44
  8.3.8. Princípio da indelegabilidade 45
  8.3.9. Princípio da indeclinabilidade 46
  8.3.10. Princípio da inevitabilidade 47
  8.4. Princípios da ação e defesa 47
     8.4.1. Princípio da igualdade das partes 47
     8.4.2. Princípio do contraditório 48
     8.4.3. Princípio da defesa plena ou da ampla defesa 49
     8.4.4. Princípio da defesa global ou princípio da concentração .. 49
     8.4.5. Princípio da disponibilidade 51
     8.4.6. Princípio da indisponibilidade ou da obrigatoriedade ... 51
     8.4.7. Princípio da oralidade 52
     8.4.8. Princípio da persuasão racional do juiz ou princípio do
            livre convencimento do juiz 53
     8.4.9. Princípio da verdade formal 54
     8.4.10. Princípio da publicidade 56
     8.4.11. Princípio da incondicionalidade ou princípio da
             autonomia da ação 57
     8.4.12. Princípio da congruência ou princípio dispositivo 57
     8.4.13. Princípio da substanciação ou princípio da estabilidade
             objetiva da demanda 58
     8.4.14. Princípio da estabilização do processo ou princípio da
             estabilidade subjetiva da demanda 58
     8.4.15. Princípio da lealdade processual 58
     8.4.16. Princípio da necessidade da demanda ou princípio da
             inércia da jurisdição 59
9. Princípio da recursividade ou duplo grau de jurisdição 60
10. Princípios específicos do processo penal 63
   10.1. Princípio do estado de inocência ou princípio da presunção de
         inocência 63
   10.2. Princípio do *favor rei* 64
   10.3. Princípio do promotor natural 64
11. Norma processual 65
12. Eficácia da lei processual no tempo e no espaço 66
13. Jurisdição 68
    13.1. Conceito de jurisdição 68
    13.2. Características da atividade jurisdicional 68
    13.3. Princípios inerentes à jurisdição 70
       13.3.1. Juiz natural 70
       13.3.2. Investidura 70
       13.3.3. Aderência ao território 70
       13.3.4. Indelegabilidade 71
       13.3.5. Inevitabilidade 71
       13.3.6. Inafastabilidade 71
       13.3.7. Inércia 72

13.4. Extensão da jurisdição 72
13.5. Poderes inerentes à jurisdição 72
13.6. Espécies de jurisdição 72
13.7. Classificações da jurisdição 73
    13.7.1. Quanto à matéria discutida 73
    13.7.2. Pelo critério dos organismos judiciários 73
    13.7.3. Pelo critério da posição hierárquica 74
13.8. Jurisdições anômalas 75
13.9. Distinção entre ato jurisdicional e ato legislativo 75
13.10. Distinção entre ato jurisdicional e ato administrativo 76
14. Poder Judiciário 78
    14.1. Superior Tribunal de Justiça e Supremo Tribunal Federal 78
        14.1.1. Superior Tribunal de Justiça 78
        14.1.2. Supremo Tribunal Federal 78
    14.2. Organização judiciária brasileira 79
15. Contencioso administrativo 82
16. Relacionamento entre jurisdição civil e jurisdição penal 82
17. Jurisdição contenciosa e jurisdição voluntária 85
    17.1. Distinção entre jurisdição contenciosa e jurisdição voluntária 85
18. Limites da jurisdição civil 87
    18.1. Limites internacionais 88
    18.2. Limites internos 89
19. Substitutivos da jurisdição 89
20. *Perpetuatio jurisdictionis* 92
21. Competência 93
    21.1. Competência internacional 94
        21.1.1. Competência internacional concorrente 95
        21.1.2. Competência exclusiva da justiça brasileira 95
    21.2. Juízo competente 97
22. Competência interna nos órgãos colegiados 98
23. Diferenciação entre juiz e juízo 99
24. Exceção ao princípio da *perpetuatio jurisdictionis* 99
25. Competência absoluta e competência relativa 100
    25.1. Competência relativa 100
    25.2. Competência absoluta 101
26. Outras classificações de competência 103
27. Controle da competência 104
28. Foros competentes para ajuizamento de ações cíveis 109
29. Competência em matéria penal 110
    29.1. Determinação do juízo competente 110
    29.2. Determinação do foro por prerrogativa de função 114
30. Ação 115
    30.1. Conceito 116
    30.2. Natureza jurídica 116

30.3. Polêmica entre Windscheid e Muther 117
30.4. Teorias 120
   30.4.1. Teoria civilista ou imanentista 120
   30.4.2. Ação como direito autônomo 121
   30.4.3. Ação como direito autônomo e concreto 121
   30.4.4. Ação como direito autônomo e abstrato 121
   30.4.5. Teoria da ação no sentido abstrato: Betti 122
   30.4.6. Doutrina de Liebman 122
   30.4.7. A ação segundo Echandia 124
   30.4.8. Conclusão 124
30.5. Condições da ação e pressupostos processuais 125
   30.5.1. Legitimidade 126
   30.5.2. Interesse processual 127
   30.5.3. Possibilidade jurídica do pedido 128
   30.5.4. As condições da ação penal 129
   30.5.5. Carência de ação cível 129
30.6. Elementos identificadores da ação cível 130
   30.6.1. Partes 131
   30.6.2. Pedido 131
   30.6.3. Causa de pedir 133
30.7. Classificação das ações cíveis 134
   30.7.1. Ações de conhecimento 134
   30.7.2. Ações declaratórias ou meramente declaratórias 135
   30.7.3. Ações constitutivas 135
   30.7.4. Ações condenatórias 135
   30.7.5. Ações cautelares 136
   30.7.6. Ações mandamentais 136
   30.7.7. Ações executivas 137
30.8. Outras classificações de ações cíveis 137
   30.8.1. Ações cominatórias 137
   30.8.2. Ações monitórias 138
30.9. Classificação das ações cíveis no Direito Romano 138
30.10. Cumulação objetiva e subjetiva de ações 139

Súmulas que auxiliam no entendimento dos conteúdos expostos 142

Uniformização da linguagem 148

Vocabulário jurídico 151

Referências bibliográficas 159

Nota introdutória

Apresentamos para a segunda edição deste livro o texto revisado e ampliado da primeira edição de 1999, eis que salutares colaborações de alunos e professores de Direito nos auxiliaram a evoluir na busca de nosso principal objetivo: o conhecimento acadêmico da ciência processual.

Quando escrevemos a primeira edição deste livro, percebíamos a dificuldade de aprendizagem dos alunos em razão da diversidade de fontes doutrinárias recomendadas, que deixavam, por vezes, de ser pesquisadas, em função de se apresentarem por demais extensas, ou por possuírem uma linguagem de difícil acesso para quem começa a trilhar os caminhos da ciência jurídica processual, quando então procuramos pesquisá-las e sintetizá-las de forma coerente com os programas das principais faculdades da grande Porto Alegre (UFRGS, ULBRA, UNISINOS, PUC e RITTER DOS REIS); uma vez que pudemos perceber que os alunos mais utilizavam seus apontamentos feitos em sala de aula, muitos dos quais com omissões e equívocos, que acabavam por prejudicá-los, do que o resumo daquelas obras indicadas.

Agora, em sintonia com o trabalho até então desenvolvido, aprimoramos a pesquisa, além de adequá-lo com as recentes exigências contidas nas provas do MEC e da OAB e com os programas de algumas Faculdades de Direito fora do Estado e, também, observando os conteúdos exigidos nos últimos concursos públicos para a área do Direito (Magistratura, Promotoria e Defensoria Pública).

O objetivo deste livro, voltamos a afirmar, é o de servir de roteiro de aula para os acadêmicos de Direito, perseguindo uma linguagem simples e de fácil entendimento, sem deixar de lado o conteúdo e o conhecimento indispensável àqueles que buscam o conhecimento da ciência processual, seja para a realização de concursos públicos, seja para o exercício da honrosa atividade da advocacia, nunca esquecendo que a leitura complementar dos clássicos se torna absolutamente indispensável para quem busca o pleno conhecimento.

Manifestando que a colaboração com críticas e sugestões de todos aqueles que o lerem sempre será fundamental para a busca do conhecimento, apresentamos este livro.

Luciano Moysés Pacheco Chedid
Advogado e Professor

Adriana Weber
Acadêmica de Direito

1. Teorias dualista e unitária

Para Chiovenda, seguido por inúmeros processualistas, dentre os quais cabe destacar Calamandrei, Ugo Rocco, Antônio Segni, Zanzucchi, e entre nós, especialmente, Calmon de Passos, Moacyr Amaral dos Santos e Celso Barbi, autor da teoria dualista do ordenamento jurídico, o ordenamento jurídico cinde-se nitidamente em direito material e direito processual: o primeiro dita as regras abstratas, e estas tornam-se concretas no exato momento em que o fato enquadrado em suas previsões, automaticamente, sem qualquer participação do juiz. O processo visa apenas à atuação (ou seja, à realização prática) da vontade do direito, não atribuindo em nada para a formação das normas concretas; segundo Ada Pellegrini, ao interpretar esta linha doutrinária, "o direito subjetivo é a obrigação preexistem a ele" (*Teoria Geral de Processo*. Malheiros Editores).

A principal objeção lançada contra a doutrina de Chiovenda vem resumida nesta crítica feita por Galeno Lacerda, *in Comentários ao Código de Processo Civil*, 2ª ed. Coleção Forense, vol. VIII, p. 22:

"Essa tese absolutamente insatisfatória não só não explica a natureza jurisdicional dos processos mais relevantes, que tiveram por objetivo conflitos sobre valores indispensáveis, cuja solução não se pode alcançar pela atividade direta das partes (processo penal, processo civil inquisitório – ex.: nulidade de casamento), senão deixa *in albis* também o porquê da natureza jurisdicional dar decisões sobre questão de processos, especialmente daquelas que dizem respeito à própria atividade do juiz, as relativas à competência e suspeição, onde jamais se poderá vislumbrar qualquer traço de 'substitutividade' a uma atuação originária, direta e própria das partes".

Como diz o professor Ovídio Baptista da Silva em seu livro *Curso de Processo Civil*, Volume I, pág. 21, 2ª edição:

"Outra ordem de consideração críticas à doutrina de Chiovenda pode ser estendida a todos aqueles que defendem a tese segundo a qual a finalidade precípua da jurisdição é a aplicação do direito objetivo (Wach, Rosensers, Schönke, Andrjolj, etc.). A aplicação, ou a realização do direito objetivo não é nenhuma atividade específica da jurisdição. Também os particulares quando cumprem a lei, quer observando seus preceitos imperativos, quer exercendo, em toda a sua extensão e plenitude, atos e negócios jurídicos desenvolvem-se atividade tendente a realizar o ordenamento jurídico ..."

De acordo com Carnelutti, autor do tema teoria unitária do ordenamento jurídico, o direito objetivo não tem condições para disciplinar sempre todos os conflitos de interesses, sendo necessário o processo, muitas vezes, para a complementação de comandos da lei. Através de tal concepção, a jurisdição pressupõe um conflito de interesses, qualificado pela pretensão de alguém e a resistência de outrem.

Segundo Ovídio Baptista da Silva, na obra acima citada:

"... o vício da doutrina carneluttiana reside, à semelhança daquela anteriormente exposta, em procurar definir o ato jurisdicional indicando não o que ele é, mas aquilo a que serve; não o seu ser, mas a sua função, ou a sua finalidade. A composição dos conflitos de interesses pode dar-se de inúmeras formas, por outros agentes do Estado que não sejam os juízes. E nem se salva a teoria acrescentando que o juiz realiza uma 'justa composição da lide', pois ninguém poderá afirmar que as demais formas de composição de conflitos realizadas pelos agentes do Poder Executivo, não sejam igualmente justas e conformes à lei".

Para quem segue a teoria unitária do ordenamento jurídico, não é tão nítida a cisão entre o direito material e o direito processual: o processo participa da criação de direitos subjetivos e obrigações, os quais só nascem, efetivamente, quando existe uma sentença.

O processo teria, então, o escopo de "compor a lide", ou seja, de editar a regra que soluciona o conflito trazido a julgamento.

2. Finalidade do processo

Corrente subjetivista
Processo destina-se à tutela do direito subjetivo (direitos individuais – ou coletivos – ameaçados ou violados).
Corrente objetivista
Processo visa a satisfazer o interesse público de realizar o direito objetivo (atuação do direito objetivo) e assegurar a paz jurídica.
Corrente conciliatória
Processo destina-se à atuação da lei no caso concreto, e, como conseqüência, instrumento de proteção dos direitos subjetivos.
Posição dos autores
Vislumbra-se no processo um fim imediato: a solução do conflito de interesses. E um fim mediato: a asseguração da paz jurídica.

3. Participação e processo

O jurista J. J. Calmon de Passos costuma afirmar que inexiste pureza no direito, e que o jurídico coabita, necessariamente, com o político e com o econômico. Toda a teoria jurídica tem conteúdo ideológico, inclusive a Teoria pura do direito. Nenhum instituto jurídico, nenhuma construção jurídica escapa dessa contaminação. Nem mesmo a dogmática jurídica. Nem o processo, um instrumento aparentemente neutro, estritamente técnico, foge desse comprometimento. Ele também está carregado de significação política e tem múltiplas implicações econômicas.

Nesses termos, não constitui despropósito associar-se processo a democracia, porquanto, com esse relacionamento, pretende-se, justamente, denunciar a necessária dimensão política do processo jurisdicional e tornar manifestos os vínculos que o prendem ao processo econômico.

O processo, como técnica de formulação de normas jurídicas e de efetivação do direito, conserva, e necessariamente deveria fazê-lo, as conotações políticas e econômicas que conformam o próprio direito a que ele se vincula, instrumentalmente.

Acreditamos que estejamos caminhando para o processo como instrumento político de participação, misto de atividade criadora e aplicadora do direito, ao mesmo tempo.

Nas palavras de J. J. Calmon de Passos, a "superação do mito da neutralidade do juiz e do seu apoliticismo, institucionalizando-se uma magistratura socialmente comprometida e socialmente controlada, mediadora confiável tanto para solução dos conflitos individuais como dos conflitos sociais que reclamem e comportem solução mediante um procedimento contraditório, em que a confrontação dos interesses gere as soluções normativas de compromisso e conciliação dos contrários".[1]

4. Direito processual: noções gerais

Direito Material ou Substancial.
Normas que estabelecem direitos e deveres, fornecendo a matéria na qual se basearão as decisões dos juízes e tribunais. Disciplinam as relações jurídicas referentes a bens e utilidades da vida.

Direito Formal
Normas que visam à estrutura e ao funcionamento de órgãos, ou à disciplina de processos técnicos de identificação a aplicação das normas, a fim de assegurar uma convivência juridicamente ordenada. As normas processuais integram as normas de direito formal.

Direitos Disponíveis
Via de regra, os direitos materiais privados são os ditos direitos disponíveis. Exceção, por exemplo, o direito dos incapazes.

No que diz respeito aos direitos disponíveis, deve-se observar o princípio da verdade formal e o princípio da dispositividade, como na maioria das vezes ocorre no direito processual civil.

Direitos Indisponíveis
Os direitos materiais públicos são considerados indisponíveis.

Quanto a estes direitos, são presentes os princípios da verdade material e o princípio da inquisitoriedade, o que via de regra ocorre no direito processual penal, em oposição ao direito processual civil.

---
[1] J. J. CALMON DE PASSOS. *Democracia, Participação e Processo, in Paticipação e Processo.* Coord. de Ada Pellegrini Grinover, Cândido Dinamarco e Kazuo Watanabe, RT, p. 95.

Direito Processual

Sistema de princípios e normas legais que regulam o processo, disciplinando as atividades dos sujeitos interessados, do órgão jurisdicional e seus auxiliares.

Autonomia e Unidade do Direito Processual

É a própria Constituição Federal que reconhece a autonomia e unidade do Direito Processual, quando disciplina a competência legislativa nessa matéria em seu artigo 22.[2]

Processo Penal

Apresenta em um dos seus pólos uma pretensão punitiva do Estado.

Processo Civil

É o que não é penal e por meio da qual se resolvem conflitos regulados não só pelo direito privado. O direito processual civil também tem por objetivo resolver conflitos de direito público e de direito constitucional (mandado de segurança e ação popular).

O Direito Processual é ramo autônomo e unitário, sendo identificado como de Direito Público. Seu objeto é o processo, instrumento utilizado pelo Estado na composição de interesses e na atuação da lei.

No início da civilização dos povos inexistia distinção entre ilícito civil e ilícito penal: o Estado, ainda embrionário e impotente perante o individualismo de seus componentes, não podia perceber-se da existência de atos que, além e acima do dano que trazem a particularidade, prejudicam a ele próprio, Estado.

Ao final de uma longa evolução, quando o Estado foi adquirindo consciência de si mesmo e da sua missão perante os indivíduos que o compunham, chegou-se à mais absoluta proibição da aplicação de qualquer pena

---

[2] Art. 22. Compete privativamente à União legislar sobre:
I - direito civil, comercial, penal, processual, eleitoral, agrário, marítimo, aeronáutico, espacial e do trabalho. (CF, Art. 22, I).

sem prévia realização de um processo (*nulla poena sine judicio*).

Esse princípio, portanto, desenvolveu duas premissas:
a) proibição de autotutela do Estado,
b) proibição de autocomposição (transação entre Estado e acusado).

A Lei 9.099/95 introduziu no nosso sistema brasileiro um novo modelo consensual para a Justiça Criminal, por intermédio das medidas despenalizadoras. Como regra as pretensões necessariamente sujeitas a exame judicial para que possam ser satisfeitas são aquelas que se referem a direitos e interesses regidos por normas de extrema indisponibilidade, como as penais e aquelas não-penais (p. ex.: direito de família). É a indisponibilidade desses direitos, sobretudo o de liberdade, que conduz a ordem jurídica a ditar, quanto a eles, a regra do indispensável controle jurisdicional.

4.1. Lide e modos de composição da lide

Carnelutti, ao enunciar seu clássico conceito de lide, considerou que os "bens" da vida são limitados, mas as "necessidades humanas" são ilimitadas. Devido a esta escassez se dá o conflito de interesses.

Segundo Carnelutti, lide é o conflito de interesses qualificado por uma pretensão resistida ou insatisfeita. Em outras palavras, quando "A" formula uma pretensão e "B", oferece resistência a ela, não a cumprindo, forma-se o "conflito de interesses". Este conflito, caracterizado pela pretensão de "A", e pela resistência de "B", constitui-se na lide.

Como ensina a Professora Djanira Maria Radamés de Sá, o simples conflito, é em si uma lide sociológica, oriunda de um fato social, mas a partir do momento em que se busca a tutela do Estado visando a sua solução, este se transforma em uma lide processual, pois passa a ser o objeto do processo judicial.

4.2. Construção de um conceito de lide

Se existisse apenas uma pessoa não haveria necessidade de direito.

Ora, existindo várias pessoas, haveria vários interesses (sendo que o interesse é a posição favorável para a satisfação de uma necessidade), e como o sujeito do interesse é o homem, e o bem da vida, o seu objetivo, poderemos ter interesses individuais (levando-se em conta suas necessidades individuais) e interesses coletivos (necessidades apreciadas em função das necessidades idênticas de todos os indivíduos que compõe determinado grupo social).

4.2.1. Conflito de interesses

Em todos os tempos, a capacidade do homem de se apropriar dos bens e utilizá-los segundo suas necessidades sempre foi limitada, ao passo que as necessidades humanas, vistas globalmente, são ilimitadas, até porque no momento em que se satisfaz uma exigência, cria-se outra, e assim por diante.

Desta contradição resulta o fato social de os bens produzidos ou existentes não serem suficientes para satisfazer a todas simultaneamente. Por isso, a intensidade do interesse vai determinar a atitude de um buscando excluir o outro quando o mesmo bem.

Nasce assim, o conflito de interesses.

"O conflito existe quando à intensidade de interesse de uma pessoa por determinado bem se opõe a intensidade de interesse de outros pelo mesmo bem".[3]

4.2.2. Pretensão

Quando alguém exige a subordinação do interesse de outro ao seu próprio interesse, está exercendo uma pretensão. Tem ela fundamento quando a honra jurídica

---
[3] SANTOS, Moacyr Amaral. *Primeiras Linhas de Direito Processual Civil*, 1º volume. São Paulo: Saraiva, 1997.

estabelece a prevalência do interesse que é o conteúdo da pretensão. Quer isto dizer que a um direito corresponde um dever; a uma pretensão, uma obrigação. É a exigência da subordinação de interesses de outros ao próprio.

Da soma do conflito de interesses a uma pretensão teremos:

4.2.3. Lide

Muitas vezes, quando ocorre um conflito, o sujeito obrigado (sujeito passivo) não se conforma em subordinar seu interesse ao próprio interesse do outro (sujeito ativo). Esta recusa de satisfação ou resistência gera uma pretensão resistida ou insatisfeita. Lide vem a ser um conflito de interesses qualificado por uma pretensão resistida ou insatisfeita (Conceito de Carnelutti).

Obs.: o conflito de interesses é o elemento material da lide, a pretensão e a resistência ou insatisfação, seu elemento formal.

4.3. Intervenção estatal e resolução da lide

Ao proibir o uso da força, a autotutela, para a solução dos litígios o Estado assumiu para si o dever de resolução dos conflitos; visando a preservar os valores fundamentais da sociedade.

Assim, cabe ao Estado a função jurisdicional, cujo objetivo é garantir à sociedade os valores tutelados pelas normas jurídicas.

Tal objetivo pode ser alcançado pelo simples cumprimento dos comandos normativos, ou ainda através da coerção existente no poder de resolver os conflitos.

4.4. Outras formas de resolução dos conflitos de interesses

Com o passar do tempo, o Estado foi se tornando incapaz de solucionar todas as lides em tempo ideal e com garantia de justiça plena e segurança, devido ao agravamento das situações.

Está caracterizada a crise judiciária, que a cada momento deixa mais evidente a necessidade de reformas, visando a simplificar, e até mesmo a acelerar a marcha processual.

Diante de tal situação, buscam-se meios através dos quais se chegue a soluções mais efetivas e num melhor lapso de tempo, bem como a possibilidade de os interessados optarem pela forma judicial ou extrajudicial de resolução dos conflitos.

Mauro Cappelletti e Bryant Garth denominam este contexto de "a terceira onda do movimento de acesso à justiça", cujos resultados têm sido a adoção de formas diversas de solução para a lide, entre elas, a mediação e a jurisdição arbitral.

A arbitragem é a mais tradicional, sendo a forma de justiça privada que mais se assemelha à jurisdição estatal, uma vez que impõe às partes a decisão emergente.

Na arbitragem, uma ou mais pessoas que recebem seus poderes de uma convenção privada passam a intervir, decidindo com base nesta convenção, sem a intervenção do estado, buscando a resolução do conflito. A decisão alcançada destina-se a assumir eficácia de sentença judicial.

Um dos objetivos é que se solucionem pequenos conflitos (lides que versem sobre direitos disponíveis) por meio desta alternativa, deixando para o Judiciário a solução de causas cujo conteúdo envolva complexas questões de direito.

A mediação extrajudicial consiste na aproximação das partes por um terceiro, profissional e imparcial, buscando o fim do litígio através do diálogo. Esta modalidade, que tem sido amplamente utilizada no Brasil, principalmente pelas entidades de classe, não envolve a decisão em si, mas sim a aproximação.

5. Linhas evolutivas do Direito Processual

A história do direito processual inclui três fases metodológicas fundamentais.

1º período
SINCRETISMO: das origens até quando os alemães começaram a especular a natureza jurídica da ação no tempo moderno e acerca da própria natureza jurídica do processo. A ação era entendida como sendo o próprio direito subjetivo material que, uma vez lesado, adquiria forças para obter em juízo a reparação de lesão sofrida.

2º período
AUTONOMISMO ou CONCEITUAL: durou quase um século, onde o sistema processual era estudado mediante uma visão puramente introspectiva, no exame de suas categorias e conceitos fundamentais. Neste período, buscou-se uma afirmação da autonomia científica do direito processual, sendo traçadas as grandes estruturas do sistema e os conceitos discutidos.

3º período
INSTRUMENTALISTA: é eminentemente crítico. É a fase atual, onde percebemos que o sistema continha falha na sua missão de produzir justiça, onde estamos a concluir que os resultados desse serviço é que são importantes, isto é, deixamos de encarar o sistema do ponto de vista dos operadores do serviço processual (juízes, promotores, advogados, escrivães, etc.) e passamos a vislumbrar a população destinatária.

A efetividade do processo como meio de acesso à justiça e a concretização desse desiderato, sendo indispensável a concretização de que o processo não é mero aparelho técnico a serviço da ordem jurídica, mas sim um grande instrumento ético a serviço do Estado e da Sociedade.

Em nossa doutrina existe forte tendência em negar a ocorrência de lide no processo penal, preferindo alguns autores em falar de controvérsia penal, e não em lide penal, o qual seria, conseqüentemente, um processo sem partes.

Quem afirmar a existência de lide penal dirá que a ação penal se destina a sua "justa posição" e que ora se caracteriza como lide por pretensão contestada e ora como lide por pretensão meramente insatisfatória.

Já quem levar às últimas conseqüências o fato de que inexiste processo quando não há lide, implicaria concluir que não haveria processo penal, mas procedimento administrativo.

6. Denominação do Direito Processual e sua divisão

A mais antiga denominação de que se tem notícia é Direito Judiciário, originário das palavras latinas *Iudicium* e *Iudex*.

Atualmente utiliza-se o termo Direito Judiciário para definir o ramo do direito que "organiza o Judiciário e disciplina o seu funcionamento".

Direito Processual é a denominação predominante nos dias de hoje, devido ao fato de corresponder ao objetivo deste Direito, que é o processo.

Em 1868, Oskar Bülow, em sua obra Teoria das Exceções Dilatórias e dos Pressupostos Processuais, estudou o processo cientificamente e fundamentou-o como ramo autônomo do Direito em relação aos demais.

O Direito Processual identifica-se com o Direito Público, sendo, porém, ramo autônomo e unitário.

Seu objetivo consiste no processo, instrumento do qual se utiliza o Estado para atingir a composição dos conflitos de interesses, observando determinados princípios que serão estudados a seguir.

O processo é estudado inicialmente a partir da Teoria Geral do Processo, que se aplica aos seus diversos ramos.

Na prática, divide-se o processo em Direito Processual Civil e Direito Processual Penal.

7. Relação jurídica de Direito Material e de Direito Processual

O Direito Material se constitui de normas jurídicas denominadas normas de conduta e organização, as quais estabelecem direitos e deveres, consubstanciando a matéria que servirá de base para as decisões judiciais. Tais normas são as que integram a Constituição Federal, os Códigos Civil, Comercial, Tributário, etc.

Quanto ao Direito Processual, este se forma a partir das normas instrumentais, isto é, normas que visam à estrutura e ao funcionamento dos órgãos, ou ainda, à disciplina dos processos. Denominam-se normas de Direito Formal, porque é através delas que se fará a aplicação correta dos preceitos previstos pelas normas de Direito Material.

Conforme Moacyr Amaral dos Santos, direito processual é o sistema de princípios e normas legais que regulam o processo, disciplinando as atividades dos sujeitos interessados, do órgão jurisdicional e seus auxiliares.

A diferença fundamental entre direito material e direito processual é que o primeiro se compõe de normas cujo objetivo é disciplinar as relações jurídicas referentes a bens e utilidades da vida, enquanto o segundo tem por objetivo as relações dos sujeitos processuais e da forma de se proceder dentro do processo.

A relação jurídica processual se verifica entre o Estado e o autor, e o Estado e o réu.

Graficamente, tal relação seria melhor expressa pela figura de um triângulo, onde o Estado, na figura do Juiz, representa o ângulo maior.

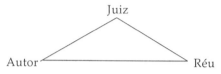

Em nosso sistema, a relação jurídica processual se estabelece a partir do ângulo representado pelo Juiz, inexistindo relação jurídica processual onde estejam presentes apenas autor e réu, como segue:

8. Princípios gerais do Direito Processual

Tais princípios são aplicáveis tanto ao processo civil, quanto ao processo penal.

O processo penal, particularmente, rege-se, além destes, por princípios específicos que serão analisados em capítulo próprio.

8.1. Princípios informativos

Os Princípios Informativos do Direito Processual expressam-se através de normas ideais que representam uma aspiração de melhoria do aparelho processual.

São as regras que não constam, expressamente, dos textos legais. Sua dedução é feita por força da interpretação sistemática dos textos de legislação, representando a orientação filosófica do ordenamento jurídico.

O sentido e os objetivos do ordenamento jurídico são delineados por estes princípios, quais sejam: Princípio Lógico, Princípio Econômico, Princípio Político,

Princípio Jurídico, Princípio da Efetividade e Princípio da Instrumentalidade.

8.1.1. Princípio lógico

Tal principio objetiva que os atos processuais se desenvolvam com uma estrutura cronológica coerente. Estes devem evoluir da maneira mais coerente possível, visando a atingir a verdade e a evitar o erro.

Os passos dados para que se alcance a finalidade específica devem seguir uma seqüência lógica, ou seja, deve-se iniciar por uma petição inicial, que será posteriormente contestada, dando-se desta forma andamento ao processo.

Um exemplo da falta de lógica no processo constitui-se do procedimento sumaríssimo, hoje transformado em sumário. Na prática, este procedimento é mais lento que o próprio ordinário, devido à falta de coerência e organização.

A necessidade de reunião de autos, unidade de instrução e decisão conjunta de ações, fundamentam-se no referido princípio. Isso quando as situações de conexão ou continência, quando se tem por objetivo evitar decisões conflitantes.

Também quando fatos ou questões jurídicas podem ser prejudiciais umas das outras. Em tal situação, tratando-se de questões processuais, chamadas preliminares, o juiz deve apreciar as alegadas pela parte antes do mérito propriamente dito (art. 301, CPC).[4]

---

[4] Art. 301. Compete-lhe, porém, antes de discutir o mérito, alegar:
I - inexistência ou nulidade da citação;
II - incompetência absoluta;
III - inépcia da petição inicial;
IV - perempção;
V - litispendência;
VI - coisa julgada;
VII - conexão;
VIII - incapacidade da parte, defeito de representação ou falta de autorização;
IX - convenção de arbitragem;

Quando a prejudicial referir-se ao direito material, será chamada pré-mérito ou prejudicial de mérito.
Observa-se a prejudicialidade no caso de haver juízo criminal e juízo civil paralelamente. Tendo a jurisdição criminal prevalência sobre a civil, deve-se aguardar a resolução no primeiro juízo para prosseguir no seguinte.
Há casos que representam exceções ao princípio lógico:
Exemplo é, como cita o professor Rui Portanova, o processo de execução em que somente o marido seja devedor, e o débito não tenha beneficiado a família, ocorra a penhora integral de bem imóvel. Situação em que a mulher pode ressalvar sua meação através de embargos de terceiro. Ilogicamente o processo avança, para depois retroceder.

8.1.2. Princípio econômico

Também chamado de "princípio da economia processual", tem por finalidade obter máximo resultado com menor esforço, busca atingir o ideal de justiça rápida, barata e justa. Busca-se a máxima eficiência na aplicação do direito, com o menor dispêndio de atos processuais possível.
São quatro os aspectos sob os quais podemos analisar a economia processual:
- Economia de tempo;
- Economia de custos;

X - carência de ação;
XI - falta de caução ou de outra prestação, que a lei exige como preliminar.
§ 1º Verifica-se a litispendência ou a coisa julgada, quando se reproduz ação anteriormente ajuizada.
§ 2º Uma ação é idêntica à outra quando tem as mesmas partes, a mesma causa de pedir e o mesmo pedido.
§ 3º Há litispendência, quando se repete ação, que está em curso; há coisa julgada, quando se repete ação que já foi decidida por sentença, de que não caiba recurso.
§ 4º Com exceção do compromisso arbitral, o juiz conhecerá de ofício da matéria enumerada neste artigo.

- Economia de atos;
- Eficiência da administração judiciária.

Considerando o objetivo de economia financeira, destaca-se a existência da Lei 1.060/50, onde anuncia-se o barateamento das custas e até a gratuidade para os que não dispõem de recursos. Também os Juizados Especiais Cíveis e Criminais (Lei 9.099/95 no âmbito Estadual e 10.259/01 no âmbito Federal) onde há a dispensa de pagamento de custas, bem como a informalidade dos atos.

Como citado no princípio lógico, o procedimento sumário apresenta-se muito menos econômico do que o procedimento comum. A eficiência do provimento jurisdicional constitui-se uma das principais preocupações do princípio em questão.

Na Legislação Brasileira, alguns pontos destacam-se no que se refere à economia processual, entre eles: o sistema cautelar, a possibilidade de julgamento unitário de diversas pretensões e o tratamento dado às nulidades e aos chamados crimes de bagatela.

No Código de Processo Civil estão presentes dispositivos que visam a atingir os objetivos do princípio: art. 130[5] (autoriza o juiz a indeferir provas inúteis); art. 295[6] (inde-

---

[5] Art. 130. Caberá ao juiz, de ofício ou a requerimento da parte, determinar as provas necessárias à instrução do processo, indeferindo as diligências inúteis ou meramente protelatórias.

[6] Art. 295. A petição inicial será indeferida:
I - quando for inepta;
II - quando a parte for manifestamente ilegítima;
III - quando o autor carecer de interesse processual;
IV - quando o juiz verificar, desde logo, a decadência ou a prescrição (art. 219, § 5°);
V - quando o tipo de procedimento, escolhido pelo autor, não corresponde à natureza da causa, ou ao valor da ação; caso em que só não será indeferida, se puder adaptar-se ao tipo de procedimento legal;
VI - quando não atendidas as prescrições das arts. 39, parágrafo único, primeira parte, e 284.
Parágrafo único. Considera-se inepta a petição inicial quando:
I - lhe faltar pedido ou causa de pedir;
II - da narração dos fatos não decorrer logicamente a conclusão;
III - o pedido for juridicamente impossível;
IV - contiver pedidos incompatíveis entre si.

ferimento liminar da petição inicial), art. 296[7] (reforma da citada decisão pelo juiz), entre outros. A ação monitória (Lei 9.079/95) baseia-se na busca da economia processual. Ainda no que tange ao princípio, deve-se destacar o art. 273[8] do CPC em sua redação, que permite ao juiz, a requerimento da parte, antecipar, total ou parcialmente, os efeitos da tutela pretendida no pedido inicial, uma vez que exista prova inequívoca, que o leve ao convencimento, considerando que os demais requisitos elencados nos incisos e parágrafos sejam cumpridos.

8.1.3. Princípio político

Também chamado "princípio participativo", consiste em o cidadão ter ao seu alcance instrumento para prover os direitos privados de máxima garantia social com mínimo sacrifício das liberdades individuais e coletivas, que é o processo.

Este principio materializa-se na possibilidade que o processo dá ao cidadão para que este tenha meios de pôr sua lide em questão e ver discutida sua pretensão, atuando no centro decisório do Estado.

---

[7] Art. 296. Indeferida a petição inicial, o autor poderá apelar, facultado ao juiz, no prazo de 48 (quarenta e oito) horas, reformar sua decisão.
Parágrafo único. Não sendo reformada a decisão, os autos serão imediatamente encaminhados ao tribunal competente.

[8] Art. 273. O juiz poderá, a requerimento da parte, antecipar, total ou parcialmente, os efeitos da tutela pretendida no pedido inicial, desde que, existindo prova inequívoca, se convença da verossimilhança da alegação e:
I - haja fundado receio de dano irreparável ou de difícil reparação; ou
II - fique caracterizado o abuso de direito de defesa ou o manifesto propósito protelatório do réu.
§ 1º Na decisão que antecipar a tutela, o juiz indicará, de modo claro e preciso, as razões do seu convencimento.
§ 2º Não se concederá a antecipação da tutela quando houver perigo de irreversibilidade do provimento antecipado.
§ 3º A execução da tutela antecipada observará, no que couber; o disposto nos incisos II e III do art. 588.
§ 4º A tutela antecipada poderá ser revogada ou modificada a qualquer tempo, em decisão fundamentada.
§ 5º Concedida ou não a antecipação da tutela, prosseguirá o processo até final julgamento.

A principal preocupação deste princípio é a de um processo de portas abertas à postulação da cidadania.
A Lei da Ação Popular (4.717/65), que permite ao cidadão eleitor pleitear a anulação ou declaração de nulidade de atos lesivos ao patrimônio da União, do Distrito Federal, dos Estados e dos Municípios, de entidades autárquicas, de sociedades de economia mista, de empresas públicas ou de pessoas jurídicas ou entidades subvencionadas pelos cofres públicos, entre outras, é a expressão maior deste princípio e sintetiza nela a vontade de querer participar da gestão da coisa pública, bem como do controle dos atos administrativos, e porque não dizer legislativos e jurisdicionais.

8.1.4. Princípio jurídico

Alguns autores referem-se a tal princípio como "princípio da igualdade" ou "princípio da isonomia".

Seu objetivo é que todos que estejam submetidos a determinada ordem jurídica, se equiparem, quanto ao gozo e fruição de direitos, bem como à sujeição de deveres. Teoricamente, o princípio da igualdade repudia os privilégios injustificados, e na prática tenta ajudar na aplicação da regra caso se verifique insuficiente igualdade diante de especificidade de casos concretos.

Já no art. 5º da Constituição Federal encontramos: "todos são iguais perante a lei...".

Este princípio refere-se a todo o direito, e não apenas ao processo civil. A referida igualdade não deve dizer respeito apenas à lei, mas também ao direito em si à Justiça.

No âmbito de processo civil cabe também ao juiz assegurar a igualização, uma vez que como enunciado no art. 125[9] do CPC, compete a ele dirigir o processo, assegurando às partes igualdade de tratamento.

---
[9] Art. 125. O juiz dirigirá o processo conforme as disposições deste Código, competindo-lhe:

Esta tarefa cabe, de forma semelhante aos advogados, que devem observar atentamente todos os aspectos que envolvam o caso concreto.

8.1.5. Princípio da efetividade

Também denominado "Princípio da Supremacia" do interesse social no processo, afirma que o processo civil deve ser impregnado de justiça social. Tal princípio fixa o processo na realidade social do Estado, tendo como função primeira alcançar o interesse social e público de cumprir os objetivos.

8.1.6. Princípio da instrumentalidade

Conforme ensina o professor Rui Portanova, "o processo deve cumprir seus escopos jurídicos sociais e políticos, garantindo: pleno acesso ao Judiciário, utilidade dos procedimentos e efetiva busca da justiça no caso concreto".

O Princípio da Instrumentalidade visa a fazer com que o processo atenda aos interesses difusos da sociedade, e não apenas a preocupações individualistas.

Tal princípio busca tornar o processo mais acessível, mais público e mais justo, observando, para tanto, a lógica e a celeridade do procedimento.

8.2. Princípios processuais constitucionais

Como enunciado no artigo 1º da Constituição Federal, vivemos num Estado Democrático de Direito. Tal situação reflete diretamente no desenvolvimento processual, uma vez que a própria Carta Magna enuncia em seu texto diversos princípios processuais, como por exemplo:

I - assegurar às partes igualdade de tratamento;
II - velar pela rápida solução do litígio;
III - prevenir ou reprimir qualquer ato contrário à dignidade da Justiça;
IV - tentar, a qualquer tempo, conciliar as partes.

Art. 5º, LIII – princípio do juiz natural;
Art. 5º, LIV – princípio do devido processo legal;
Art. 5º, XXXV – princípio da garantia do acesso aos Tribunais;
Art. 5º, LV – princípio da amplitude da defesa e do contraditório;
Art. 5º, LVI – princípio da inadmissibilidade das provas ilícitas;
Art. 5º, LVII – princípio da inocência;
Art. 5º, LX – princípio da publicidade;
Art. 5º, LXVI – princípio da legalidade da prisão;
Art. 5º, XLV – princípio da individualização da pena;
Art. 93, III – princípio do acesso aos tribunais de segundo grau - duplo grau de jurisdição;
Art. 93, IX – princípio da fundamentabilidade das decisões e publicidade dos julgamentos.

Sinalizamos que o direito processual constitucional abrange, de um lado (a) a tutela constitucional dos princípios fundamentais da organização judiciária e do processo; b) de outro, a jurisdição constitucional.

Sobre a tutela jurisdicional dos princípios fundamentais da organização judiciária corresponde às normas constitucionais sobre os órgãos da jurisdição, sua competência e suas garantias.

Já a jurisdição constitucional compreende, por sua vez, o controle judiciário da constitucionalidade das leis e dos atos da Administração, bem como a denominada jurisdição constitucional das liberdades, com o uso dos remédios constitucionais-processuais – *habeas data*, *habeas corpus*, mandado de injunção, ação popular e mandado de segurança (inclusive o coletivo).

A tutela constitucional do processo é matéria atinente à Teoria Geral do Processo pelo que será analisada adiante sobre a visão do direito ao processo (garantias do devido processo legal) e do direito de acesso à justiça (direito de ação e defesa).

8.3. Princípios gerais do processo

Uma vez que o Judiciário tenha sido provocado a atuar, é garantia do cidadão que o juiz tenha alguns atributos essenciais.

Sobre tais atributos indispensáveis à atuação jurisdicional passamos a tratar:

8.3.1. Princípio do Juiz Natural

O princípio também denominado "princípio do Juiz Constitucional" não permite a criação de tribunais de exceção, entendendo-se como tais aqueles extraordinários criados após a ocorrência de fato objeto de julgamento.

Constitucionalmente, só é Juiz o órgão investido de jurisdição.

Pelo nosso ordenamento jurídico, somente a Constituição Federal deve ser fonte para fixação do juiz natural, que é aquele integrante do Poder Judiciário, regularmente cercado de garantias próprias, e em conseqüência disto, independente e imparcialmente. A própria Constituição Federal, em seu art. 5º, LIII, dispõe que ninguém será sentenciado senão pelo juiz competente.

A fixação do juiz natural da maneira como se processa representa a garantia de segurança do cidadão.

É importante observar que situações previstas legalmente sobre substituições de juízes, desaforamento e prorrogação de competência não afrontam o princípio do juiz constitucional.

O juiz natural, figura consagrada no art. 5º, XXXVII e LIII, da Constituição, bem como nos arts. 8º e 10 da Declaração Universal dos Direitos do Homem. O juiz natural é aquele constitucional, legal e previamente competente para julgar determinada causa cível ou criminal, imparcial e independente, garantindo-se-lhe a inamovibilidade (arts. 95, II, e 93, VIII, CF/88), a irredutibilidade de vencimentos (art. 95, III, CF/88) e a vitaliciedade (art. 95, I CF/88).Objetivando realizar o contraponto, seria importante que o leitor assistisse ao filme Seção Especial de Justiça (do consagrado Diretor Costa Gavras - exibido internacionalmente na década de 80) e ao atual filme brasileiro Cidade de Deus (que trata da epopéia da guerra dos miseráveis que nasceram no livro de Paulo Lins).

8.3.2. Princípio da imparcialidade do juiz

Em observação a este princípio, o juiz deve colocar-se entre as partes e acima delas. O juiz não pode ter interesse pessoal em relação às partes litigantes, nem lograr proveito econômico do feito.

Ao tratarmos deste princípio é necessário diferenciarmos imparcialidade, que se verifica no ato de o juiz não ter interesse pessoal no julgamento, e neutralidade, que refere-se ao juiz-cidadão-social, com sua visão do mundo.

A parcialidade não pode ocorrer, pois o juiz deve se ressalvar de comprometimento com a parte. Já a neutralidade direciona o juiz a atitudes comprometidas, uma vez que este é participante de uma sociedade, com todo um contexto próprio, de onde podem advir suas escolhas.

Para que se verifique a atuação do juiz, é essencial a presença da imparcialidade, visando a que nenhuma parte seja beneficiada. Tal princípio se constitui em garantia fundamental ao cidadão que busca o Judiciário. Visando a assegurar a imparcialidade do juiz (que caso não exista, ocorre sua incapacidade subjetiva) é que são estipuladas as garantias constitucionais (inamovibilidade, vitaliciedade e irredutibilidade de vencimentos) de acordo com o art. 95 da CF, bem como o fato de o Poder Judiciário ter assegurada sua autonomia administrativa e financeira (art. 99, CF); e são proibidos os tribunais de exceção (art. 5º, XXXVII, CF). A impossibilidade da criação de tribunais de exceção, visa a garantir o cumprimento da regra de que ninguém pode ser julgado por órgão constituído após a ocorrência do fato. Também visando a garantir a imparcialidade judicial, podemos perceber no ordenamento processual pátrio mecanismos que fixam os casos de impedimento e suspeição judicial no cível (arts. 134 e 135 do CPC).Quanto ao processo penal, tal princípio se consagra através dos artigos 252[10] e 424[11] do Código de Processo Penal.

8.3.3. Princípio da autonomia ou princípio da independência

De acordo com este princípio, a jurisdição não pode sofrer interferência de fatores externos, nem mesmo de órgãos superiores do Poder Judiciário.

A independência refere-se ao ofício de julgar, não se confundindo com a imparcialidade que diz respeito ao juiz.

---

[10] Art. 252. O juiz não poderá exercer jurisdição no processo em que:
I – tiver funcionando seu cônjuge ou parente, consangüíneo ou afim, em linha reta ou colateral até o terceiro grau, inclusive, como defensor ou advogado, órgão do Ministério Público, autoridade policial, auxiliar da justiça ou perito;
II – ele próprio houver desempenhado qualquer dessas funções ou servido como testemunha;
III – tiver funcionado como juiz de outra instância, pronunciando-se, de fato ou de direito, sobre a questão;
IV – ele próprio ou seu cônjuge ou parente, consangüíneo ou afim em linha reta ou colateral até o terceiro grau, inclusive, for parte ou diretamente interessado no feito.

[11] Art. 424. Se o interesse da ordem pública o reclamar, ou houver dúvida sobre a imparcialidade do júri ou sobre a segurança pessoal do réu, o Tribunal de Apelação, a requerimento de qualquer das partes ou mediante representação do juiz, e ouvido sempre o procurador-geral, poderá desaforar o julgamento para comarca ou termo próximo, onde não subsistam aqueles motivos, após informação do juiz, se a medida não tiver sido solicitada de ofício, por ele próprio.
Parágrafo único. O Tribunal de Apelação poderá ainda, a requerimento do réu ou do Ministério Público, determinar o desaforamento, se o julgamento não se realizar no período de 1 (um) ano, contado do recebimento do libelo, desde que para a demora não haja concorrido o réu ou a defesa.

Sendo a jurisdição poder oriundo da própria soberania estatal, verificamos a substituição da justiça privada pela presença de um juiz independente e imparcial. Uma das maneiras de se garantir uma jurisdição independente é a forma de ingresso do juiz na magistratura; que em nosso sistema se dá por concurso público.

8.3.4. Princípio do controle jurisdicional ou princípio da inafastabilidade

A inafastabilidade diz respeito a não criarem-se obstáculos ao cidadão de buscar o seu direito no Poder Judiciário.

Este princípio relaciona-se com o princípio do Acesso à Justiça.

8.3.5. Princípio da justiça gratuita ou princípio da gratuidade judiciária

Tal princípio defende o acesso gratuito ao Judiciário a todos os necessitados.

No art. 5°, LXXIV, da Constituição Federal está previsto que "o Estado prestará assistência jurídica integral e gratuita aos que comprovarem insuficiência de recursos". Ao utilizar a expressão *assistência jurídica integral*, amplia-se o benefício para os serviços extrajudiciais, além das ações judiciais.

Cumpre aqui diferenciar justiça gratuita, que consiste no direito à dispensa provisória de despesas, no que tange à relação jurídica processual, visando a uma prestação jurisdicional, enquanto a assistência judiciária refere-se ao serviço que visa paralelamente à dispensa provisória de despesas, à indicação do advogado pago pelo Estado.

Mais amplo que estes institutos é o da assistência jurídica integral, constitucionalmente consagrado como garantia fundamental.

8.3.6. Princípio da investidura

Sendo a atividade de julgar inerente, o poder do Estado somente poderá exercê-la, ou seja, julgar processo judicial pessoa regularmente investida no cargo de juiz.

A investidura do juiz possui três características: é administrativa (não realizada por eleição, mas atendendo a requisitos de capacidade e idoneidade estabelecidos em lei); é originária (não é necessário o juiz ter sido nomeado anteriormente para cargo público); e, finalmente, é vitalícia, uma vez que a hipótese de destituição exige processo judicial.

É previsto em nossa Constituição Federal a existência de juízes de paz (eleitos), e também de juízes leigos e conciliadores atuantes nos Juizados Especiais.

Observe-se que tais "juízes" não exercem atividade propriamente jurisdicional.

8.3.7. Princípio da improrrogabilidade da jurisdição ou princípio da aderência ao território

Além de estar investido em seu cargo, outro requisito exigido para que o juiz atue é a aderência ao território, ou seja, deve exercer sua atividade dentro de território delimitado.

Segundo este princípio, cada juiz exercerá sua jurisdição somente dentro de seu território legalmente fixado.

Quando tratarmos de juízo em primeiro grau Estadual, a sede será denominada comarca e quando tratarmos de juízo em primeiro grau Federal, a sede será denominada de seção judiciária.

Entende-se ser importante a proximidade do juiz com o local dos fatos, o conhecimento de suas particularidades para fins de uma solução justa.

Evitando violar o princípio em questão, nosso ordenamento político prevê forma de delegação, uma vez que o juiz não pode praticar atos fora de sua jurisdição.

Trata-se da carta precatória, utilizada quando o ato tiver que ser praticado em território nacional, e da carta rogatória, quando se tratar de atos fora do país. Tais instrumentos permitem a citação e tomada de prova, preservando-se a aderência ao território.

Duas exceções existem:

Quando se tratar de ações referentes a imóveis situados em mais de um Estado ou comarca, será observado o art. 107[12] do CPC que visa à prorrogação da competência a ser determinada pela prevenção (veremos este conceito adiante), quando então a competência se estenderá sobre a totalidade do imóvel.

A outra exceção diz respeito à dispensa de carta precatória, prevista no art. 230[13] do CPC, quando de citação ou intimação de pessoas residentes em comarcas contíguas ou situadas na mesma região metropolitana, desde que realizadas por oficial de justiça.

8.3.8. Princípio da indelegabilidade

Não pode o juiz delegar atribuições. Investido regularmente em seu cargo, o juiz irá exercer o poder em nome do Estado na qualidade de delegado deste.

Sem dúvida, o princípio da indelegabilidade deve ser respeitado, mas como observa o professor Rui Portanova, se este for levado a extremos, poderá se constituir em obstáculo para a simplificação e racionalização dos serviços forenses. Esta questão refere-se a atos triviais de andamento processual atribuídos exclusivamente ao juiz.

Algumas atribuições, como registro, autuação, distribuição, juntada de petições, podem ser seguramente

---

[12] Art. 107. Se o imóvel se achar situado em mais de um Estado ou comarca, determinar-se-á o foro pela prevenção, estendendo-se a competência sobre a totalidade do imóvel.

[13] Art. 230. Nas comarcas contíguas, de fácil comunicação, e nas que se situem na mesma região metropolitana, o oficial de justiça poderá efetuar citações ou intimações em qualquer delas.

deixados a cargo do escrivão, sem prévio despacho judicial, não contrariando o princípio.

Via de regra, deve o juiz presidir o julgamento do processo e julgar, mas duas exceções existem:

A primeira ocorre quando a delegação pelo Supremo Tribunal Federal de competência para execução forçada, prevista no art.101, I, "m" da Constituição Federal.

A outra se dá quando houver a necessidade de carta de ordem (art. 201 do CPC[14]), presente em caso de ação rescisória, se os fatos alegados dependerem de prova, quando então o relator delegará competência ao juiz da comarca onde esta deverá ser produzida, de acordo com o art. 429 do CPC[15].

8.3.9. Princípio da indeclinabilidade

Segundo este princípio, o juiz não pode deixar de julgar.

Não poderá o magistrado se eximir de sentenciar ou despachar alegando lacuna ou obscuridade da lei. Em tal situação cabe aplicar as normas legais; não havendo, deve-se recorrer à analogia, aos costumes e aos princípios gerais de direito.

O juiz é obrigado a pronunciar-se, quer apreciando o mérito, quer extinguindo o processo sem julgamento do mérito(artigo 93, Inciso IX- segunda parte – da Constituição Federal).

Em suma, a jurisdição, mais do que um poder é um dever.

---

[14] Art. 201. Expedir-se-á carta de ordem se o juiz for subordinado ao tribunal de que ela emanar; carta rogatória, quando dirigida à autoridade judiciária estrangeira; e carta precatória nos demais casos.

[15] Art. 429. Para o desempenho de sua função, podem o perito e os assistentes técnicos utilizar-se de todos os meios necessários, ouvindo testemunhas, obtendo informações, solicitando documentos que estejam em poder de parte ou em repartições públicas, bem como instruir o laudo com plantas, desenhos, fotografias e outras quaisquer peças.

8.3.10. Princípio da inevitabilidade

A jurisdição se impõe por poder próprio, independentemente da vontade das partes. Isto se dá devido à natureza publicística do processo.

Provocada a jurisdição, as partes ficam sujeitas a ela, podendo o processo ter andamento mesmo que estas permaneçam inertes.

Via de regra, é inevitável a sujeição das partes à decisão judicial, excetuando-se as hipóteses de desistência da ação e de transação sobre o litígio.

8.4. Princípios da ação e defesa

8.4.1. Princípio da igualdade das partes

Conforme enunciado no art. 5º da Constituição Federal, as partes e os procuradores devem receber tratamento igualitário, com o objetivo de que tenham as mesmas oportunidades de fazer valer em juízo as suas razões.

Ainda que atuem em pólos opostos, as partes situam-se no mesmo plano, com mesmos direitos, obrigações e faculdades.

Cabe ao juiz dirigir o processo assegurando às partes igualdade de tratamento, o que está claro no art. 125, I, do CPC.

Não havendo igualdade entre as partes, dificilmente será alcançada a justiça.

No que tange ao processo penal, cumpre observar o enunciado dos artigos 49, 50 e 51 do Código de Processo Penal.

Art. 49. A renúncia ao exercício do direito de queixa, em relação a um dos autores do crime, a todos se estenderá.

Art. 50. A renúncia expressa constará de declaração assinada pelo ofendido, por seu representante legal ou procurador com poderes especiais.

Parágrafo único. A renúncia do representante legal do menor que houver completado 18 (dezoito) anos não privará este do direito de queixa, nem a renúncia do último excluirá o direito do primeiro.
Art. 51. O perdão concedido a um dos querelados aproveitará a todos, sem que produza, todavia, efeito em relação ao que se recusar.

8.4.2. Princípio do contraditório

Como decorrência do princípio da paridade das partes, o contraditório significa dar as mesmas oportunidades para as partes (*Chancengleichheit*) e os mesmos instrumentos processuais (*Waffengleichheit*) para que possam fazer valer s seus direitos e pretensões, ajuizando ação, deduzindo resposta, requerendo e realizando provas, recorrendo das decisões judiciais, etc.

Em especial ao processo penal, "o réu deve conhecer a acusação que se lhe imputa para poder contrariá-la, evitando, assim, possa ser condenado sem ser ouvido."[16]

Em razão deste princípio, não se admite condenação do réu exclusivamente com base em prova produzida durante o inquérito policial, pois neste não vigora o princípio do contraditório.

O princípio do contraditório se consagra no processo penal através dos artigos 261 e 263 do CPP.

Art. 261. Nenhum acusado, ainda que ausente ou foragido, será processado ou julgado sem defensor.
Art. 263. Se o acusado não o tiver, ser-lhe-á nomeado defensor pelo juiz, ressalvado o seu direito de, a todo tempo, nomear outro de sua confiança, ou a si mesmo defender-se, caso tenha habilitação.
Parágrafo único. O acusado, que não for pobre, será obrigado a pagar os honorário do defensor dativo, arbitrados pelo juiz.

---

[16] TOURINHO FILHO, Fernando da Costa. *Manual de Processo Penal*. 3ª edição. São Paulo: Saraiva, 2001.

8.4.3. Princípio da defesa plena ou da ampla defesa

Em defesa de seus interesses, o cidadão tem plena liberdade de alegar fatos e propor provas. A Constituição Federal, em seu art. 5º, LV, garante a ampla defesa.

No entanto, temos que chamar a atenção que na busca do eficiente alcance do desiderato da Justiça, põe-se no tablado das discussões a necessidade de serem estabelecidos limites à liberdade de agir dos litigantes, circunscrevendo-se, de conseguinte, seus poderes processuais.

O desiderato de restringir a liberdade das partes é obtido principalmente pelo instituto da preclusão, a ressaltar, segundo o ensaio fundamental de Oskar Bülow, o caráter público, objetivo e rigoroso do princípio da responsabilidade da parte, abstraída qualquer consideração de culpa, orientando-se o processo principalmente para a certeza, colocadas em segundo plano as exigências de justiça.[17]

8.4.4. Princípio da defesa global ou princípio da concentração

Cabe ao autor alegar na inicial e ao réu alegar na contestação toda a matéria de defesa.

Tal princípio obriga o réu a produzir todas as suas razões de uma só vez, simultânea e cumulativamente, na

---

[17] BÜLOW, Oscar. *Civilprozessualische Fiktionen und Wahrheiten. Archiv für die Civilistiche Praxis*, 62 (1879): 1-96, esp. p. 54-56. Bülow (p. 79-80) ressaltou com clareza e precisão que a mera circunstância de não agir a parte em relação ao adversário, ou contra as determinações judiciais provocadas pelos atos deste, constitui fundamento suficiente e decisivo para o seu prejuízo jurídico. O *non facere* deve, como tal, ser considerado fato processual. No processo civil tem lugar uma responsabilidade sumamente rigorosa, vige um princípio objetivo de responsabilidade jurídica (*"Im Civilprozess findet eine urberaus strenge Zurechnung stall, es gilt ein objectives Prínzip rechtlicher Verantworlichkeit"*). Assim também o conceito chiovendiano, inspirado no modelo alemão, como bem ensina Giovanni Tesorieri, *Contributo allo studio delle preglusioni nel processo civile*, Padova, CEDAM, 1983, p. 29-30.

contestação, conforme se pode verificar na leitura do artigo 300[18] do Código de Processo Civil Brasileiro.

Aspecto importante, explicitamente regulado em certos ordenamentos, concerne à possibilidade de ocorrer durante a litispendência, algum fato superveniente de relevância para o julgamento, mormente porque uma aplicação rigorosa da regra da eventualidade contribuiria para uma decisão distanciada da realidade. A questão não é nova e sempre houve preocupação em afastar as desvantagens decorrentes de um entendimento restritivo, propício a causar prejuízos graves à economia processual.

A doutrina européia e mesmo a brasileira mesmo antes da edição do atual Código de 1973, já previu o *ius superveniens*, entendendo decisivo para a sentença o estado da relação substancial no momento imediatamente anterior a sua prolação, e não o estado dessa relação no momento da propositura da demanda.

No conceito do *ius superveniens* estão compreendidos o fato e o direito. No ordenamento processual civil brasileiro, a consideração do fato novo constitutivo, modificativo ou extintivo do fundamento jurídico do pedido encontra-se autorizada pelo art. 462, constando do inciso I do art. 303 a possibilidade de "alegar" direito superveniente. Todavia, essa circunstância não torna, a nosso ver, inútil a regra legal. Neste ponto adotamos o entendimento do jurista Carlos Alberto Alvaro de Oliveira, que nos relata:

"E isso porque diz respeito à possibilidade de alegação pela parte, que, a não ser por expressa autorização legal, poderia ficar inibida de alegar direito novo pelo princípio da eventualidade adotado pelo Código de Processo Civil; daí a ressalva.

---
[18] Art. 300. Compete ao réu alegar, na contestação, toda a matéria de defesa, expondo as razões de fato e de direito, com que impugna o pedido do autor e especificando as provas que pretende produzir.

Além disso, se é verdade que, como regra, o juiz não pode ignorar a lei, *nada impede efetivamente que a desconheça*, ainda mais com o ritmo vertiginoso de mudança da sociedade atual."[19]

8.4.5. Princípio da disponibilidade

Por disponibilidade entende-se o poder que as pessoas têm de exercer ou não determinado direito. No Direito Processual Civil isto refere-se à possibilidade de apresentar ou não sua pretensão em juízo. Também denominado Princípio da Ação ou Princípio da Demanda, enuncia que é iniciativa do cidadão movimentar ou não o Poder Judiciário.

No momento em que deixou de existir a autotutela, ou seja, o particular não mais teve o direito de fazer justiça com as próprias mãos, o Estado facultou-lhe o poder de utilizar os órgãos do Poder Judiciário, visando a resolver seus conflitos de interesses.

Tratando-se do direito processual civil, a disponibilidade é quase absoluta, havendo algumas limitações específicas em função da natureza indisponível de certos direitos materiais.

8.4.6. Princípio da indisponibilidade ou da obrigatoriedade

O princípio em questão dirige-se ao Direito Processual Penal, devido ao caráter público das normas penais materiais e à necessidade de assegurar a convivência dos indivíduos em sociedade. Em certos casos, na área penal, mesmo que o indivíduo não queira, o Estado age, materializando assim o Princípio da Insdisponibilidade.

---
[19] OLIVEIRA, Carlos Alberto Alvaro de. *Do Formalismo no Processo Civil*. Saraiva, 1997, páginas 133/182. Nas páginas 177/182, ao tratar sobre o fato e o direito superveniente, o doutrinador e Emérito Professor da UFRGS de Processo Civil esclarece sobre o *ius superveniens*.

Nas palavras de Fernando Capez, "o crime é uma lesão irreparável ao interesse coletivo, decorrendo daí o dever de o Estado aplicar as regras jurídico-punitivas".

São exemplos do princípio da indisponibilidade o fato de a autoridade policial não poder mandar arquivar autos de inquérito, conforme enunciado no art. 17 do CPC,[20] também o Ministério Público não poder desistir da ação penal, nos termos do art. 42[21] do mesmo Código. Também o artigo 576 do CPP.[22]

É importante destacar que ocorrem algumas situações particulares referentes a este princípio:

a) nos crimes de ação penal privada, em que a legitimidade para a ação fica a cargo do ofendido, que poderá ou não exercê-la;
b) nos crimes de ação penal pública condicionada à representação, onde a atividade dos órgãos oficiais fica condicionada à manifestação da vontade do ofendido;
c) nos crimes de ação penal pública condicionada à representação do Ministro da Justiça;
d) a possibilidade de *transação penal* no âmbito dos Juizados Especiais Criminais.

8.4.7. Princípio da oralidade

A lei determina que certos atos processuais devem ser praticados "oralmente", em presença do juiz.

Nos momentos capitais do processo, deve predominar a palavra falada, sem prejuízo dos documentos constantes dos autos.

Mesmo sendo oralmente realizados determinados atos, estes são registrados graficamente.

---

[20] Art. 17. A autoridade policial não poderá mandar arquivar autos de inquérito.

[21] Art. 42. O Ministério Público não poderá desistir da ação penal.

[22] Art. 576. O Ministério Público não poderá desistir de recurso que haja interposto.

8.4.8. Princípio da persuasão racional do juiz ou princípio do livre convencimento do juiz

Por este princípio, é permitido ao juiz valorar livremente as provas constantes dos autos, com elas fundamentando sua decisão.

Segundo o art. 131 do CPC, "o juiz apreciará livremente a prova, atendendo aos fatos e circunstâncias constantes dos autos, ainda que não alegados pelas partes; mas deverá indicar, na sentença, os motivos que lhe formaram o convencimento."

Também o art. 436 do Código de Processo Civil enuncia que o magistrado poderá formar sua convicção com outros elementos ou fatos provados nos autos, além do laudo pericial.

No que tange ao processo penal, este princípio está consagrado no art. 157[23] do Código de Processo Penal. Neste item temos que levar em consideração a própria relatividade da obtenção da verdade, por não constituir fim em si mesmo, senão simples meio para aplicação do direito ao caso concreto, tão-somente colaborando para que o processo alcance sua finalidade. Essa relatividade ainda mais se acentua se atentarmos ao caráter conflituoso do processo, às dificuldades de obtenção da prova dos fatos nas circunstâncias geralmente acanhadas que cercam a investigação judicial, às limitações materiais do juiz, e às restrições ainda hoje existentes para a admissão de certas provas ou à proeminência legal concedida à prova documental, sem falar nas reservas detalhadas e formalistas estabelecidas para certos meios de prova. Outrossim, o fato principal com que trabalha o órgão judicial é sempre só fornecido pelas partes.

Pense-se que, mediante o emprego de determinadas técnicas, mostra-se possível acelerar ou retardar o conhecimento do órgão judicial, torná-lo mais rarefeito ou mais exaustivo: retoma-se aqui o velho conflito entre

---
[23] Art. 157. O juiz formará sua convicção pela livre apreciação da prova.

celeridade e ponderação, traduzível também na possível dissonância entre justiça e pacificação.[24]

O direito processual moderno, contudo, vem constantemente evoluindo no sentido de liberar o juiz do formalismo, atribuindo-lhe poderes intensificados para a investigação probatória, facultando-lhe melhor conhecimento dos fatos, ponto importante na formação de sua convicção.

Dentro dessa nova perspectiva, proposta a demanda e delimitados os seus contornos essenciais, constitui dever do juiz controlar o rápido, regular e leal desenvolvimento do processo, assumindo inclusive os meios probatórios, dentro, é claro, dos limites fáticos extremados pela parte autora da causa.

8.4.9. Principio da verdade formal

Também denominado Princípio da Verdade Real ou Princípio Dispositivo e Princípio da Livre Investigação das Provas.

O processo civil é colocado com uma conotação publicista. Observando que a solução da lide é de interesse público, uma vez que visa à ordem jurídica, bem como de interesse particular, visando à satisfação da parte litigante; podemos vislumbrar a existência de um terceiro interessado: o Estado.

---

[24] DINAMARCO, Cândido R. *A instrumentalidade*, p. 333-5, aponta técnicas adequadas seja para acelerar o labor judicial, em prol do escopo social de pacificar (v.g. revelia, ônus probatório, presunções relativas, etc.), ou para aperfeiçoar o conhecimento do juiz, favorecendo uma visão mais real dos fatos relevantes para o julgamento (v.g., estímulo ao contraditório, instrução, recursos, etc.). Em outra perspectiva, pondera o jurista (p. 328-33) que a verdade absoluta há de transigir com o escopo social de pacificar, e a pacificação, para ser eficiente, precisa chegar logo. Aliás, como ressalta Carlo Furno, *Teoria de la prueba legal*, trad. Sérgio Gonzalez Collado, Madrid, *Revista de Derecho Privado*, 1954, p. 13-4, o problema da verdade no processo assume evidente caráter técnico e prático, sem natureza filosófica, porque não se trata de simplesmente discutir a questão, mas de resolvê-la.

Como ensina o Professor José Antônio Pancotti, o Estado não possui interesse no sucesso de um ou outro litigante, mas sim na rápida solução do litígio.

Diante deste quadro, podemos dizer que o juiz não se constitui mero espectador totalmente desinteressado na lide. Aos poucos este foi tomando uma posição ativa, objetivando impulsionar o andamento da causa, determinando a produção de provas, conhecendo de ofício circunstâncias que até então dependiam das alegações das partes.

Hão de ser ressaltados os estudos do Mestre Nelson Nery Junior, que em seu livro Princípios dos Processo Civil na Constituição Federal, p. 159 e segs., citando Rosenberg-Schwab-Gottwald. *zivilprozeβrecht*, nos alerta:

"... A moderna doutrina alemã do direito processual civil tem-se pronunciado no sentido de que não mais vige, em toda sua inteireza, o princípio da busca da verdade real, de modo que devem ser impostas algumas restrições à obtenção da prova, a fim de que sejam respeitados os direitos personalíssimos e os direitos fundamentais. De conseqüência, a invalidade de sua utilização no processo. ..."

Ainda que para o processo civil seja suficiente a verdade formal, limitada ao conteúdo processual, os artigos 130[25] e 341[26] do CPC, facultam ao juiz a busca da verdade real.

Considerando que a maioria dos interesses tratados pelo processo civil são disponíveis, as partes, utilizando-se de seus poderes dispositivos, podem transacionar, acordar ou transigir, impossibilitando a restauração real dos fatos.

---

[25] Art. 130. Caberá ao juiz, de ofício ou a requerimento da parte, determinar as provas necessárias à instrução do processo, indeferindo as diligências inúteis ou meramente protelatórias.

[26] Art. 341. Compete ao terceiro, em relação a qualquer pleito:
I - informar ao juiz os fatos e as circunstâncias, de que tenha conhecimento;
II - exibir coisa ou documento, que esteja em seu poder.

Já no processo penal, como ensina Tourinho Filho, "a função punitiva do Estado deve ser dirigida àquele que, realmente, tenha cometido uma infração; portanto o processo penal deve tender à averiguação e descobrimento da verdade real, da verdade material, como fundamento da sentença".

Nas palavras de Souza Araújo, "no processo civil vigoram as presunções, as ficções, as transações, elementos todos contrários "à declaração de certeza da verdade material".

As transações possíveis no processo penal são aceitas excepcionalmente e limitam-se às infrações de pequeno potencial ofensivo. Cabe ressaltar as disposições da Lei 9.099/95.

8.4.10. Princípio da publicidade

Para a garantia e segurança dos cidadãos, todos os atos processuais devem ser públicos, realizados a portas abertas, com a presença de qualquer pessoa (salvo exceções expressas), assegurando-se a todos a consulta aos autos e dele requerer certidões.

Este princípio objetiva garantir a aplicação de uma justiça sempre correta.

Em relação ao processo penal, cumpre destacar que a publicidade não atinge os atos que ocorrem durante a realização do inquérito policial. Tal situação se verifica devido à natureza inquisitiva deste procedimento.

O princípio da publicidade refere-se à "publicidade dos atos processuais" e deve ficar claro que os atos realizados durante o inquérito policial não são atos processuais.

O artigo 20 do Código de Processo Penal enuncia a não-aplicação deste princípio.

Art. 20. A autoridade assegurará no inquérito o sigilo necessário à elucidação do fato ou exigido pelo interesse da sociedade.

Parágrafo único. Nos atestados de antecedentes que lhe forem solicitados, a autoridade policial não poderá mencionar quaisquer anotações referentes a instauração de inquérito contra os requerentes, salvo no caso de existir condenação anterior.

Não podemos esquecer de mencionar, ainda, que a Constituição Federal, em seus artigos 5º, LX e 93, IX (primeira parte), estabelece sobre a publicidade dos julgamentos do Poder Judiciário.

8.4.11. Princípio da incondicionalidade ou princípio da autonomia de ação

O direito de provocar o Poder Judiciário não está submetido a qualquer condição. Não há limites para que o cidadão se utilize de seu direito de ação.

A autonomia de ação consiste em direito público, subjetivo, garantindo individual liberdade aos cidadãos no que tange ao processo.

8.4.12. Princípio da congruência ou princípio dispositivo

As partes possuem plena liberdade para limitar a atuação do juiz aos fatos e aos pedidos que entendam necessários para a composição da lide.

Por outro lado, a publicização do processo eliminou do princípio dispositivo a liberdade das partes de limitar a atuação do juiz em relação à prova; podendo este determinar, inclusive de ofício, as provas necessárias à instrução do processo.

Tal princípio é tido como uma forma de garantir a imparcialidade do juiz, uma vez que este fica limitado aos fatos.

Como resultado, fica o juiz impedido de buscar fatos não alegados pelas partes.

8.4.13. Princípio da substanciação ou princípio da estabilidade objetiva da demanda

Em conseqüência deste princípio, o autor não poderá trocar de causa de pedir nem de pedido após a citação (art. 264 do CPC).

Há de ser notado, no entanto, que o Código de Processo Civil abre a possibilidade de o Juiz mandar emendar a inicial (art. 284 do CPC) antes da citação. Também poderá o Autor aditar a inicial (do que o Réu deverá tomar conhecimento com a citação) mas jamais tal evento ocorrerá após o saneamento do feito (art. 294 e parágrafo único do CPC).

Tem sido muito comum nos Foros Trabalhistas o Juiz autorizar a emenda à inicial quando da audiência inaugural se a parte Autora (Reclamante) assim não procedeu antes da notificação inicial do Reú (Reclamado). Todavia, a defesa do Autor (Reclamante) deverá pedir a palavra pela ordem na audiência inaugural e deverá requerer expressamente a emenda ao que sempre deverá ser oportunizado a complementação da defesa para o Réu (Reclamado) sempre que tal evento vier a ocorrer (adiando-se, conseqüentemente, a audiência inaugural).

8.4.14. Princípio da estabilização do processo ou princípio da estabilidade subjetiva da demanda

O princípio em questão enuncia que a citação estabiliza a relação processual entre os sujeitos que a formam, os quais não poderão ser substituídos, salvo em casos expressos em lei.

Este objetiva evitar a troca de sujeitos processuais.

8.4.15. Princípio da lealdade processual

Segundo este princípio, as partes devem sempre usar da verdade, da moral e da probidade, sob pena de sofrer sanções processuais. As limitações e sanções no âmbito cível vêm previstas nos artigos 14 e seguintes do Código de Processo Civil (ver também o artigo 538, parágrafo único, do CPC).

8.4.16. Princípio da necessidade da demanda ou princípio da inércia da jurisdição

Segundo este principio, "ninguém é juiz sem autor", e não pode o juiz proceder de ofício. Antes de falarmos especificamente sobre o princípio em questão, cumpre comentarmos de forma breve os *princípios da disponibilidade*, também denominados *princípio de acesso à justiça* e *princípio da demanda*.

O princípio do acesso à justiça refere-se ao direito em geral. Já o *princípio da demanda*, diz respeito à ação. É o princípio ativo da disponibilidade, significando que a parte tem a liberdade de agir quando e como quiser; mais especificamente, somente o cidadão pode agir em seu interesse.

Entendidos estes dois princípios, fica mais fácil explicar que o Princípio da Inércia da Jurisdição é o mesmo Princípio da Demanda visto pelo lado passivo.

Decidindo o cidadão por movimentar o Poder Judiciário, este pode limitar a atuação do julgador no que diz respeito aos fatos que comporão a demanda (Princípio Dispositivo); e ao pedido da prestação jurisdicional (Princípio da Adstrição do Juiz ao pedido da parte).

A Jurisdição é inerte, só atuando provocada tanto em casos de jurisdição contenciosa como voluntária.

Via de regra este princípio sempre vigora, salvo algumas exceções, entre elas:

São exceções ao Princípio da Inércia da Jurisdição o art. 989 do CPC,[27] em função da qual é facultado ao juiz

---

[27] Art. 989. O juiz determinará, de ofício, que se inicie o inventário, se nenhuma das pessoas mencionadas nos artigos antecedentes o requerer no prazo legal.

instaurar de ofício inventário se não for feito pelos legitimados no prazo de 30 dias após aberta a sucessão. Também o art. 1.129 do CPC[28], que diz poder o juiz determinar de ofício que o detentor do testamento o exiba.

O Código Eleitoral e o Estatuto da Criança e do Adolescente são dois institutos que também comportam exceções ao princípio.

Sobre este princípio trataremos mais adiante, quando analisarmos o tema "Jurisdição".

9. Princípio da recursividade ou duplo grau de jurisdição

O devido processo legal deve igualmente garantir a possibilidade de revisão dos julgados. A falibilidade humana e o natural inconformismo de quem perde estão a exigir o reexame de uma matéria decidida em primeira instância, a ser feito por juízes coletivos e magistrados mais experientes.

A Constituição Federal prevê o duplo grau de jurisdição, não somente no já referido art. 5º, LV, como também no seu art. 93, III ("acesso aos tribunais de segundo grau") e pressupõe, evidentemente, uma decisão judicial e a sucumbência (prejuízo). Ademais, para recorrer, deve-se atentar para pressupostos de natureza subjetiva, a saber: o interesse e a legitimidade.

Há mais de vinte anos, o jurista baiano Calmon de Passos mostrava a sua preocupação com "a tendência, bem visível entre nós, em virtude da grave crise que atinge o Judiciário, de se restringir a admissibilidade de

---

[28] Art. 1.129. O juiz, de ofício ou a requerimento de qualquer interessado, ordenará ao detentor de testamento que o exiba em juízo para os fins legais, se ele, após a morte do testador, não se tiver antecipado em fazê-lo.
Parágrafo único. Não sendo cumprida a ordem, proceder-se-á à busca e apreensão do testamento, de conformidade com o disposto nos arts. 839 a 843.

recursos, de modo assistemático e simplório, em detrimento do que entendemos como garantia do devido processo legal, incluída entre as que são asseguradas pela nossa Constituição." (*in Estudos Jurídicos em Homenagem à Faculdade de Direito da Bahia*, São Paulo: Saraiva, 1981, p. 88).

Neste mesmo trabalho, nota o eminente mestre que "... o estudo do duplo grau como garantia constitucional desmereceu, da parte dos estudiosos, em nosso meio, considerações maiores. Ou ele é simplesmente negado como tal ou, embora considerado como incito ao sistema, fica sem fundamentação mais acurada, em que pese ao alto saber dos que o afirmam, certamente por força da larga admissibilidade dos recursos em nosso sistema processual, tradicionalmente, sem esquecer sua multiplicidade. ..."

Tal garantia se encontra também estabelecida na Convenção Americana de Direitos Humanos (Pacto de São José da Costa Rica), no seu art. 8°, § 2°, *h*.

O Princípio da Recursividade, também chamado de Princípio do Duplo Grau de Jurisdição, está intimamente relacionado com a ação e com a defesa, bem como, por demais envolvido dentro dos Princípios Gerais do Processo, merecendo especial destaque nesse tópico.

Consiste em admitir-se, como regra, o conhecimento e decisão das causas por dois órgãos jurisdicionais, sucessivamente, sendo o segundo de grau hierarquicamente superior ao primeiro. Em outras palavras, é a possibilidade de se reexaminar uma decisão anterior.

– As decisões proferidas pelos Juizados Especiais – recurso para a Turma Recursal.

– As decisões proferidas pelo Juiz Eleitoral – recurso para o TRE.

- As decisões proferidas pelo Conselho de Justiça-Militar – recurso para o TJM.
- As decisões proferidas pelo Juiz Estadual – recurso para o Tribunal de Justiça.
- As decisões proferidas pelas Varas do Trabalho – recurso para o TRT.
- As decisões proferidas pelo Juiz Federal – recurso para o TRF e assim sucessivamente.

Como já dito acima, o princípio do duplo grau de jurisdição tem como fundamento a possibilidade de a decisão de primeiro grau ser injusta ou errada, sendo necessário que se permita sua reforma em grau de recurso. Segundo ensina a professora Ada Pellegrini Grinover, "existe uma corrente doutrinária – hoje reduzidíssima – que se manifesta contrariamente ao princípio". Para tanto, invoca três circunstâncias:
a) não só os juízes de primeiro grau, mas também os da jurisdição superior poderiam cometer erros e injustiças no julgamento, por vezes reformando até uma sentença adequada ao direito e a justiça; b) a decisão em grau de recurso se constitui inútil quando confirma a sentença de primeiro grau, transgredindo o princípio da economia processual; c) a decisão que reforma a sentença da jurisdição inferior é sempre prejudicial, uma vez que aponta uma divergência de interpretação, o que dá margem a dúvidas em relação a correta aplicação do direito, produzindo a incerteza nas relações jurídicas e o desprestígio do Poder Judiciário. Alguns casos expressamente previstos em lei consistem em exceções a esta situação, podendo a jurisdição superior atuar sem provocação, por vislumbrar interesses públicos relevantes. Trata-se da devolução oficial, ou remessa necessária, e os exemplos são os seguintes:

Art. 475 do CPC,[29] art. 574, I, II,[30] c/c art. 411,[31] e art. 746[32] do CPP.

10. princípios específicos do processo penal

10.1. Princípio do estado de inocência ou princípio da presunção de inocência

Segundo o art. 5°, LVII, da Constituição Federal, "ninguém será considerado culpado até o trânsito em julgado da sentença penal condenatória". O princípio da presunção de inocência apresenta-se sob três aspectos, como ensina o professor Fernando Capez: a) na fase de instrução processual, como presunção legal relativa de não-culpabilidade, invertendo-se o ônus da prova; b) quando da avaliação da prova, valorando-a em favor do acusado quando houver dúvida; c) no curso do processo penal, como paradigma de tratamento do imputado, essencialmente no que concerne à análise da necessidade de prisão processual.

[29] Art. 475. Está sujeita ao duplo grau de jurisdição, não produzindo efeito senão depois de confirmada pelo tribunal, a sentença:
I - que anular o casamento;
II - proferida contra a União, o Estado e o Município;
III - que julgar improcedente a execução de dívida ativa da Fazenda Pública (art. 585, VI).
Parágrafo único. Nos casos previstos neste artigo, o juiz ordenará a remessa dos autos ao tribunal, haja ou não a apelação voluntária da parte vencida; não o fazendo, poderá o presidente do tribunal avocá-los.

[30] Art. 574. Os recursos serão voluntários, excetuando-se os seguintes casos, em que deverão ser interpostos, de ofício, pelo juiz:
I – da sentença que conceder *habeas corpus*;
II – da que absolver desde logo o réu com fundamento na existência de circunstância que exclua o crime ou isente o réu de pena, nos termos do art. 411.

[31] Art. 411. O juiz absolverá desde logo o réu, quando se convencer da existência de circunstância que exclua o crime ou isente de pena o réu (arts. 17, 18, 19, 22 e 24, § 1°, do Código Penal), recorrendo, de ofício, da sua decisão. Este recurso terá efeito suspensivo e será sempre para o Tribunal de Apelação.

[32] Art. 746. Da decisão que conceder a reabilitação haverá recurso de ofício.

Quanto à prisão processual, é importante observar o enunciado da Súmula 9 do Superior Tribunal de Justiça. Súmula 9: "A exigência da prisão provisória, para apelar, não ofende a garantia constitucional de presunção de inocência."

10.2. Princípio do *favor rei*

De acordo com este princípio, sempre que houver duas interpretações, deve-se optar pela mais benéfica. Em outras palavras, a dúvida sempre beneficia o acusado. Também visando a beneficiar o réu, tem-se que, no caso de insuficiência de provas, este deve ser absolvido.

Como conseqüência do princípio do *favor rei*, temos o princípio da proporcionalidade, que se admite na proibição das provas ilícitas (em favor da Defesa), e a revisão criminal das decisões do Tribunal do Júri.[33]

10.3. Princípio do promotor natural

Assim como acontece no processo civil em relação ao juiz natural, no processo penal o promotor ou procurador somente pode ser designado obedecendo ao critério legal.

É vedada a designação de promotor ou procurador *ad hoc*. Questão importante, e que se prende intimamente ao devido processo legal, é o princípio do promotor natural que pressupõe a independência funcional do membro do Ministério Público (art. 127, § 1°, CF), a sua inamovibilidade (art. 128, § 5°, I, *b*), a investidura por concurso público e a determinação legal e anterior de suas atribuições.

A independência e a autonomia funcionais, ambas consagradas no art. 127, §§ 1° e 2°, da Constituição Federal, são princípios que compõem a figura do promotor natural, advertindo-se, desde logo, que a "autonomia

---
[33] TOURINHO FILHO, Fernando da Costa. *Manual de Processo Penal*. 3ª edição. São Paulo: Saraiva, 2001.

funcional atinge o Ministério Público enquanto instituição, e a cada um dos seus membros, enquanto agentes políticos." (*in* Hugo Nigro Mazzilli, *Regime Jurídico do Ministério Público*, São Paulo: Saraiva, 3ª ed., 1996, p. 94). Sobre o assunto, Bento de Faria já enunciava:

> "O Ministério Público, como fiel fiscal da lei, não poderia ficar constrangido a abdicar das suas convicções, quando devidamente justificadas. Do contrário seria um instrumento servil da vontade alheia." (*Código de Processo Penal*, Vol. I, Rio de Janeiro: Record, 2ª ed., 1960, 120).

> "... Nem o Procurador-Geral, investido de ascendência hierárquica, tem o direito de violentar, por qualquer forma, a consciência do Promotor Público, impondo os seus pontos de vista e as suas opiniões, além do terreno técnico ou administrativo." (*Teoria e Prática da Promotoria Pública*, Porto Alegre: Sergio Antonio Fabris Editor, 2ª ed., 1989, p. 158).

Tal princípio tem por finalidade garantir julgamento imparcial e isento.

11. Norma processual

As normas de conduta para a sociedade são estabelecidas pelo Estado. Estas, em geral, definem direitos e obrigações dos indivíduos, bem como, as condições de exercício dos direitos. São as normas primárias.

A segunda espécie de normas se constitui das que exercem função instrumental, ou seja, orientam a aplicação das primárias. São, por conseqüência, chamadas de normas secundárias.

Neste segundo grupo encontramos as normas processuais, cujo conjunto origina o Direito Processual.

A função de tais normas é regular o exercício jurisdicional; sendo as mesmas de Direito Público.

12. Eficácia da lei processual no tempo e no espaço

Em se tratando de vigência espacial, o princípio observado é o da territorialidade; em outras palavras, a eficácia espacial da lei processual federal é o território nacional.

Como ensina o professor José Antônio Pancotti, estando as leis processuais limitadas no tempo, surge o problema do conflito intertemporal de normas.

Neste caso aplicam-se os preceitos contidos na Lei de Introdução ao Código Civil, segundo a qual, salvo disposição ao contrário, começa a vigorar quarenta e cinco dias depois de oficialmente publicada; uma vez publicada, a lei terá vigor geral e imediato, respeitado o ato jurídico perfeito, o direito adquirido e a coisa julgada.

Os processos terminais são regidos pela lei velha, sem sombra de dúvida, não ocorre a incidência da lei nova.

Os processos novos ou a serem iniciados na vigência da nova lei serão por ela regidos, mesmo que a lide seja anterior à nova lei.

A dúvida reside em relação aos processos em curso quando da entrada em vigor da nova lei.

Para resolver tal impasse são propostos três sistemas:

Sistema de Unidade do Processo, segundo o qual somente uma lei pode reger o processo, seja ela a nova ou a velha. A lei velha deveria se impor até o final do processo, evitando, assim, dar efeito retroativo à lei nova e, conseqüentemente, prejudica atos já praticados. Por contrariar o "princípio" do direito adquirido e do ato jurídico perfeito, este sistema é desconsiderado.

Sistema das Fases do Processo, onde diante as fases processuais autônomas (postulatória, instrutória e decisória) cada uma delas poderia ser disciplinada por lei diferente. Segundo o enunciado pelo professor José Antônio Pancotti, se na lei nova encontrasse o processo em fase de instrução, seria aplicada a lei velha até o seu final, aplicando-se a lei nova somente a partir do seu julgamento. Pela mesma razão aplicável ao sistema da unidade do processo, este sistema foi entendido como de aplicação inviável. Seria óbvio o tumulto que acarretaria na ordem prática dos atos.

Sistema do Isolamento dos Atos Processuais, o Código de Processo Civil, em seu art. 1.211,[34] adota este sistema; pelo qual a lei nova não retroage para atingir atos já praticados na vigência da Lei antiga, nem nos seus efeitos, mas se aplica aos atos processuais a se praticar a partir de sua vigência. No Código de Processo Penal, no art. 2°,[35] também encontramos referência a tal sistema. O referido artigo enuncia que a lei processual penal aplicar-se-á desde logo, sem prejuízo da validade dos atos realizados sob a vigência da lei anterior. Logo, o art. 2° da lei processual penal nos diz que além de se aplicar imediatamente a lei nova, os atos praticados anteriormente serão válidos.

É o princípio da aplicação imediata da lei processual. Não se trata, como se poderia pensar, de retroatividade. Retroagiria ela se fosse alcançar os atos anteriormente realizados, o que não sucede, pois é expresso que eles permanecem válidos.

Retroatividade há apenas em relação ao crime – lei posterior a ele – porém, tal fato é indiferente. Espínola Filho ilustra:

"a espécie com o exemplo de processo anterior ao Código, cuja instrução já fora encerrada, mas havendo toda a conveniência de ouvir uma testemu-

---

[34] Art. 1.211. Este Código regerá o processo civil em todo o território brasileiro. Ao entrar em vigor, suas disposições aplicar-se-ão desde logo aos processos pendentes.

[35] Art. 2°. Nenhum juiz prestará a tutela jurisdicional senão quando a parte ou o interessado a requerer; nos casos e formas legais.

nha, de fazer acareação, etc. Poderia o juiz sanar essas falhas probatórias valendo-se do artigo 502 do Código de Processo Penal, que lhe permite antes de sentenciar, determinar as diligências que lhe pareçam necessárias".

13. Jurisdição

Atividade estatal através da qual o Estado cumpre o dever de, mediante um devido processo legal, administrar a justiça aos que a solicitaram. É uma forma de exercício da soberania estatal.

Através da jurisdição, o juiz transforma em comando concreto entre as partes as normas gerais e abstratas da lei.

13.1. Conceito de jurisdição

É a atividade pela qual o Estado, com eficácia vinculativa plena, elimina a lide, declarando e/ou realizando o direito em concreto.

Eficácia vinculativa plena: a sentença do mérito faz "coisa julgada" entre as partes, e a eficácia da sentença reveste-se de caráter de definitividade, vinculando as partes (e seus sucessores) para sempre.

A jurisdição dirige-se à eliminação do conflito de interesses existente entre as partes.

A lide é eliminada mediante a declaração e aplicação do direito incidente ao caso concreto (processo de conhecimento - cognição), ou mediante a realização do direito (processo de execução).

13.2. Características da atividade jurisdicional

A atividade jurisdicional é uma atividade provocada. Não há jurisdição sem ação.

O art. 2º do Código de Processo Civil destaca a inércia do Judiciário. Nenhum juiz prestará tutela jurisdicional senão quando a parte ou interessado a requerer, nos casos e formas legais.

A jurisdição é atividade pública, constituindo-se no sistema brasileiro monopólio do Poder Judiciário, tendo como requisito formal a existência de um órgão do Poder Judiciário.

A jurisdição possui cinco características essenciais: substitutividade, objetivo de atuação do direito, existência de uma lide, inércia e definitividade.

Substitutividade: diz-se que a jurisdição é uma atividade substutiva, em função de o Estado substituir com sua atividade, aquela que seria realizada pelos envolvidos no litígio. Não sendo permitida a autotutela, o Estado, através da jurisdição, busca solucionar a lide, substituindo assim as partes litigantes.

Objetivo de atuação do direito: a jurisdição visa à realização do direito objetivo, bem como à pacificação social. De acordo com esta característica, os comandos de direito material, contidos no preceito primário da norma substancial, devem efetivamente conduzir aos resultados enunciados.

Existência de uma lide: para que a jurisdição atue é necessário a lide, uma vez que o Judiciário somente se manifeste diante de casos concretos quando lhe são apresentados. Jamais haverá a atuação jurisdicional em "hipóteses".

Inércia: como visto anteriormente, os órgãos jurisdicionais se manifestam apenas quando provocados, ou seja, são inertes. Tal preceito visa a garantir a imparcialidade. Um juiz nunca poderá instaurar um processo "de ofício", mas sim, mediante iniciativa da parte interessada.

Definitividade: devido ao caráter de definitividade existente na jurisdição, os atos jurisdicionais não podem ser revistos ou modificados depois de esgotada a matéria recursal(alguns autores mencionam depois da decisão da Ação Rescisória em matéria cível); são imutáveis. Em matéria penal sempre caberá a chamada revisão criminal.

À imutabilidade dos efeitos da sentença, da qual não caiba mais recurso ou tenham se esgotado todos os recursos disponíveis, dá-se o nome de coisa julgada. Como conseqüência da definitividade, solucionado definitivamente o conflito, este não pode mais ser rediscutido em outro processo, nem ter sua matéria revista na esfera de outro poder.

13.3. Princípios inerentes à jurisdição

Alguns princípios estão ligados diretamente à atividade jurisdicional, entre eles: o juiz natural, a investidura, aderência ao território, indelegabilidade, inevitabilidade, inafastabilidade e inércia.

13.3.1. Juiz natural

Tal princípio visa a garantir a atuação de um juiz competente indicado nas normas constitucionais, que seja imparcial em suas decisões e ao qual todos se submetam em igualdade. Pelo princípio do juiz natural, são proibidos os tribunais de exceção.

13.3.2. Investidura

O princípio da investidura afirma que a jurisdição somente será exercida por quem estiver investido da autoridade de juiz.

13.3.3. Aderência ao Território

A autoridade do juiz é limitada ao território nacional. Na prática, verifica-se a distribuição dos juízes em "comarcas", que constituem a limitação territorial ao exercício de sua atividade. Um juiz somente poderá atuar dentro de seu território; caso necessite, fora dele dependerá da colaboração de outro juiz; o que se dá através de cartas precatórias ou cartas rogatórias.

13.3.4. Indelegabilidade

É impossível quem possui o poder delegue "poderes" a outro; salvo exceções expressas na Constituição Federal. Os atos do juiz não podem jamais ser delegados, suas atribuições são intransferíveis. Quanto às cartas precatórias ou rogatórias, estas representam tão-somente um ato de colaboração entre os juízes, não sendo entendidas como delegação de poderes.

13.3.5. Inevitabilidade

A partir do momento em que o Estado monopolizou a jurisdição, a atividade jurisdicional passou a ser imposta aos cidadãos. Pelo princípio da inevitabilidade, as partes se submetem às decisões judiciais, que se impõem por si mesmas. As decisões judiciais sujeitam imperativamente os envolvidos no processo, sem levar em consideração a vontade das partes.

13.3.6. Inafastabilidade

Segundo tal princípio, o Poder Judiciário não deixará de atender quem solicite, ou seja, é garantido a todos o acesso a este Poder. O art. 5º XXXV da Constituição Federal, enuncia que não pode a lei excluir da apreciação do Poder Judiciário qualquer lesão ou ameaça a direito, bem como o art. 126[36] do CPC, impede o juiz de recusar-se a julgar, alegando obscuridade ou lacuna na lei.

---

[36] Art. 126 O juiz não se exime de sentenciar ou despachar alegando lacuna ou obscuridade da lei. No julgamento da lide caber-lhe-á aplicar as normas legais; não as havendo, recorrerá à analogia, aos costumes e aos princípios gerais do direito.

13.3.7. Inércia

Caracteriza-se por sempre depender a atuação jurisdicional de provocação do interessado.

13.4. Extensão da jurisdição

O poder jurisdicional, além de pronunciar o direito, observando os fatos, a norma e a sanção a ser aplicada, realiza em concreto a instrução do preceito legal, através da execução das suas decisões.

Dessa forma, como ensina o Professor José Antônio Pancotti, "o juiz declara o direito e dita a sanção; executa a determinação legal, contida na sanção".

13.5. Poderes inerentes à jurisdição

São dois os poderes dos quais dispõe o juiz: poder jurisdicional e poder de polícia (por exemplo, poder de polícia das audiências).

Tais poderes jurisdicionais, quando mais intensos e em maior quantidade, serão considerados inquisitórios; quando do processo acusatório se verificarão com menos intensidade.

De acordo com o sistema brasileiro, no processo de ação haverá um equilíbrio entre os poderes do juiz, que depende da provocação das partes, e os poderes das partes propriamente ditas.

13.6. Espécies de jurisdição

A jurisdição (expressão do poder soberano do Estado) é *una*, indivisível.

Não obstante, ocorre uma divisão de trabalho entre os juízes, que pode se dar em função da matéria de determinadas lides (matérias especiais); divisão do território de atuação de cada juiz ou posição hierárquica entre os órgãos jurisdicionais.

13.7. Classificações da jurisdição

13.7.1. Quanto à matéria discutida

Classifica-se em:

Jurisdição Penal: quando o titular da ação (Ministério Público ou querelante) pretende a aplicação ao demandado das ações de natureza penal (finalidade "aflitiva").

Jurisdição Civil: é exercida em face de pretensões não-penais, com finalidade reparatória ou de resguardo do direito violado ou ameaçado. Abrange todos os ramos não-penais.

Jurisdição Trabalhista: julga dissídios (lides) individuais e coletivas entre empregados e empregadores. Pode ser, em caráter de exceção, exercida por juízes de direito, nas comarcas em que não houver Varas do Trabalho (CF, art. 112).

Jurisdição Eleitoral: a esta cabem atribuições administrativas (em jurisdição voluntária) relativamente à organização e realização dos pleitos eleitorais.

Jurisdição Militar: julgamento dos crimes militares definidos em lei (CF, art. 124).Não atua apenas no âmbito federal, sendo também exercida por juízes militares estaduais (nos casos de crimes imputados a integrantes das polícias militares estaduais) (CF, art. 125, § 4º).

13.7.2. Pelo critério dos organismos judiciários

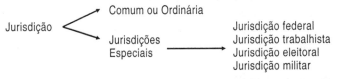

A competência das jurisdições especiais é definida expressa e taxativamente na Constituição Federal.

A lei ordinária não poderá restringir, nem ampliar, tal competência.

Os juízes que exercem as jurisdições especiais pertencem ao Poder Judiciário da União (exceto os integrantes da Justiça Militar dos Estados), sendo, portanto, "juízes federais".

Jurisdição Federal: é exercida pelos juízes federais tendo como órgãos de segunda instância os tribunais Regionais Federais.

Sua competência se define não só pela natureza da lide, mas também, em quaisquer causas em que a União Federal, suas autarquias ou empresas públicas sejam autoras, rés, ou intervenientes (CF, art. 109, I).

Abrange causas penais e cíveis, e pode excepcionalmente ser exercida, em primeira instância, por juízes estaduais (CF, art. 109, §§ 3º e 4º).

13.7.3. Pelo critério da posição hierárquica

Jurisdição Comum ou Ordinária: por exclusão, as demais causas são processadas e julgadas pela Justiça Comum ou Ordinária, integrada não só pelos juízes componentes do Poder Judiciário dos Estados, como ainda pelos juízes "locais" do Distrito Federal.

Jurisdição de Primeira Instância: é exercida pelos juízes vitalícios e pelos juízes dos "juizados especiais" tanto togados como leigos (CF, art. 98, I).Perante os juízes de primeira instância é ajuizada a quase totalidade das demandas, no entanto, pode acontecer de a 1ª Instância ser um Tribunal (Ex. art.102, Inciso I, e art. 105, Inciso I, da Constituição Federal).

Jurisdição de Segunda Instância ou Superior: é exercida na Justiça Comum pelos Tribunais de Justiça e de Alçada, com a faculdade de derrogação, mediante a interposição de recursos, das decisões e sentenças proferidas nos juízos inferiores.

Obs: nas jurisdições especializadas, os recursos ordinários são apreciados pelos respectivos Tribunais Regionais, sendo que o Tribunal Superior do Trabalho, o Superior Tribunal Militar e o Tribunal Superior Eleitoral superpõem-se aos respectivos Tribunais Regionais e lhes uniformizam a jurisprudência.

13.8. Jurisdições anômalas

A CF admite dois casos de "jurisdição anômala", exercida por órgãos alheios ao Poder Judiciário. São elas: "Processo de *Impeachment*" e "Tribunal de Contas".

Processo de *impeachment*: trata-se do julgamento do Presidente da República e do Vice-Presidente e de Ministros de Estado nos crimes de responsabilidade, julgamento de competência privativa do Senado Federal, após haver a Câmara dos Deputados declarado a "admissibilidade" da acusação formulada contra tais autoridades. A pena imponível, no entanto, limitar-se-á à "perda do cargo" e à inabilitação por oito anos para o exercício de função pública, mas "sem prejuízo das demais sanções judiciais cabíveis".

Tribunal de Contas: órgão colegiado, "preposto do Poder Legislativo, encarregado da fiscalização do orçamento", integrado, na esfera federal, por ministros do Superior Tribunal de Justiça (CF, art. 73, §3º). As atribuições do Tribunal de Contas são de natureza administrativa.

Obs: o Tribunal Marítimo é conceituado como "órgão auxiliar do Poder Judiciário" e vinculado ao Ministério da Marinha, não interfere no monopólio jurisdicional do Poder Judiciário. Suas decisões, relativas a responsabilidades técnicas por acidentes de navegação, constituem em juízo apenas elemento de prova, com presunção de certeza.

13.9. Distinção entre ato jurisdicional e ato legislativo

A lei, editando regras de conduta gerais e abstratas, busca a tutela dos interesses coletivos; a sentença, pela composição de determinada lide mediante a aplicação da lei, realiza uma tutela concreta e individualizada (salvo no caso das ações coletivas).

Enquanto a legislação é atividade constitutiva, no sentido de criação de normas de conduta, a jurisdição assume uma posição preponderantemente de aplicação do direito preexistente, mesmo naqueles casos em que, por omissa a lei, cabe ao juiz encontrar e "revelar" as normas de conduta "latentes" na ordem jurídica, o que faz por intermédio da invocação aos costumes, à analogia, aos princípios gerais de direito ou à eqüidade.

Em duas hipóteses a Constituição Federal atribui ao Poder Judiciário, mais especificamente ao Superior Tribunal Federal e aos Tribunais de Justiça, o exercício de uma atividade legislativa, porque não vinculada à aplicação do direito a um caso concreto.

A primeira situação trata-se da ação direta de inconstitucionalidade. O Tribunal Federal pode declarar, em tese, a inconstitucionalidade de lei ou de ato normativo federal ou estadual que julgar infringentes aos princípios da Constituição Federal (CF, art. 102, I, *a*), bastando tal declaração para, por si só, excluir a eficácia da lei ou ato normativo.

A segunda refere-se à ação declaratória de constitucionalidade de lei ou de ato normativo federal, para cujo ajuizamento são legitimados o Presidente da República, as Mesas do Senado e da Câmara dos Deputados e o Procurador-Geral da República (art. 103, § 4º), e de competência do Supremo Tribunal Federal. As decisões nessas ações produzirão "eficácia contra todos e efeito vinculante, relativamente aos demais órgãos do Poder Judiciário e ao Poder Executivo" (art. 102, § 2º).

13.10. Distinção entre ato jurisdicional e ato administrativo

A atividade jurisdicional depende de "iniciativa da parte interessada" mediante o ajuizamento da "ação".

A atividade administrativa normalmente não depende de requerimento do interessado, agindo, portanto, "de ofício".

A "aplicação da lei" a uma pretensão é o "objetivo", em si mesmo, da atividade jurisdicional; é a razão de ser da jurisdição.

A administração, conquanto deva agir em conformidade com a lei, aplicando a lei, tem por "objetivo" a promoção do "bem comum".

A atividade jurisdicional pressupõe como causa um litígio, uma "lide" (ainda que virtual), para cuja eliminação é aplicada a lei.

A atividade administrativa visa a satisfazer necessidades individuais e coletivas, não tendo por pressuposto a existência de uma lide entre partes.

A atividade jurisdicional reveste-se (segundo Chiovenda) normalmente do caráter de atividade de "substituição".

A atividade administrativa é "atividade primária" ou originária.

A jurisdição atua sempre "processualmente", sob as regras da dualidade de partes e do contraditório, para apreciar conflitos "alheios".

A administração geralmente age informalmente, embora deva com freqüência organizar procedimentos, com ritos previstos em lei, para prover acerca de certos assuntos em que a própria administração é parte interessada.

A característica mais nítida do ato jurisdicional é o fato de o juiz ser sempre um terceiro no sentido de ser alheio ao litígio, de ser imparcial; e o comando da sentença é um imperativo ao qual as partes ficam sujeitas, é um comando superpartes.

O ato jurisdicional retrata um *imperium* superpartes, condicionado ao pedido da parte, e tendo por pressuposto uma lide.

14. Poder Judiciário

Dentro dos limites de um determinado território, o poder político do Estado é único, uma vez que expressa a soberania deste povo.

Já o seu exercício é distribuído entre órgãos do próprio Estado, representados da seguinte forma: Poder Legislativo, ao qual cabe a função de legislação; Poder Executivo, cuja tarefa é a administração pública e o Poder Judiciário, que, sendo formado por vários órgãos instituído na Constituição Federal, está incumbido da atividade jurisdicional.

14.1. Superior Tribunal de Justiça e Supremo Tribunal Federal

14.1.1. Superior Tribunal de Justiça

Criado pela CF em 1988, além de sua competência originária e em recurso ordinário, julga em "recurso especial" as causas decididas em única ou última instância pelos Tribunais dos Estados e pelos Tribunais Regionais Federais quando a decisão recorrida: a) contrariar tratado ou lei federal, ou negar-lhes vigência; b) julgar válida lei ou ato governamental local, contestado em face de lei federal; c) der à lei federal interpretação divergente da que lhe haja atribuído outro tribunal.

14.1.2. Supremo Tribunal Federal

Exerce a guarda da CF, quer através do julgamento, em instância originária, da ação direta de declaração de inconstitucionalidade, quer mediante a "recurso extraordinário" nos casos em que a decisão recorrida: a) contrariar dispositivo da Constituição Federal; b) declarar a inconstitucionalidade de tratado ou lei federal; c) julgar válida lei ou ato de governo local contestado em face da CF (CF, art. 102)

14.2. Organização judiciária brasileira

Ocorrendo violação criminosa das normas do ordenamento jurídico, o Estado exerce a jurisdição penal, caracterizada pela pretensão de punir o agente.

Não havendo pretensão punitiva por parte do Estado, sua intervenção jurisdicional realiza-se devido à manifestação do interesse de alguém na recomposição de seu direito lesado. A situação descrita configura o exercício da jurisdição civil.

Dentro da jurisdição civil, devido à diversidade de pretensões que carecem de provimento, torna-se necessária a especialização de órgãos jurisdicionais visando a obter melhor resultado na solução dos conflitos. A referida especialização realiza-se a partir da classificação das pretensões.

Na organização judiciária brasileira, está prevista constitucionalmente, a criação das Justiças especializadas: Justiça do Trabalho, Justiça Eleitoral e Justiça Militar.

As lides não previstas expressamente na Constituição Federal como de competência das Justiças especializadas serão apreciadas pela Justiça comum.

Cabe à União administrar a Justiça especializada, porém, compete também aos Estados a Justiça Militar Estadual, conforme exposto nos artigos 122, II, e 125, § 3º, da Constituição Federal.

Ações em que a União seja parte ou tenha interesse deverão ser apreciadas por órgãos da Justiça Federal, enquanto as lides "comuns" serão de atribuição da Justiça Comum, em outras palavras, tribunais e juízes estaduais.

O Poder Judiciário organiza-se hierarquicamente da seguinte forma:
- órgãos jurisdicionais de 1º grau, ou de 1ª instância, que são órgãos jurisdicionais singulares, onde as funções são exercidas por juiz único;
- órgãos jurisdicionais de 2º grau, ou de 2ª instância; consistindo nos tribunais.

As circunscrições territoriais onde atuam os juízes de 1º grau, são denominadas comarcas.

Na Justiça Eleitoral, a sua circunscrição territorial de cada juiz é a chamada "zona eleitoral".

Quanto à Justiça Federal, a sua circunscrição recebe o nome de seção judiciária. A seção judiciária corresponde ao território de cada Estado da Federação, subdividindo-se em Varas localizadas nos municípios sedes de Justiça Federal.

Em 1º grau, ou 1ª instância teremos:
- Justiça do Trabalho exercida pelas Varas do Trabalho;
- Justiça Eleitoral exercida pelos Juízes Eleitorais;
- Justiça Militar exercida pelas Auditorias Militares Federais e Estaduais;
- Justiça Federal exercida pelos Juízes Federais;
- Justiça Comum exercida pelos Juízes de Direito;
- Juizados Especiais Cíveis e Criminais.

Paralelamente aos órgãos jurisdicionais citados, a Constituição Federal de 1988, em seu art. 98, enuncia a criação dos Juizados Especiais, cujo objetivo é atingir conciliação, julgamento e execução de causas civis de menor complexidade e de natureza penal com pequeno potencial ofensivo.

Quanto à competência, a destes juizados, sendo mais abrangente, absorve as do Juizado de Pequenas Causas, que como ensina a professora Maria Djanira Radamés de Sá, a manutenção, pelos Estados, era facultativa.

A principal função dos Juizados Especiais Cíveis e Criminais, regulamentados pela Lei nº 9.099/95, é simplificar o processo, visando a rapidez e economia na tramitação das causas.

Tais juizados são compostos por juízes togados ou togados e leigos, cabendo recurso das decisões para turmas de juízes de 1º grau.

Recentemente, frente a edição da Lei número 10.259 de 12/07/2001 foram criados os Juizados Especiais Cíveis e Criminais no âmbito da Justiça Federal. Sua origem reside no Projeto de Lei 3.999/01, que foi aprovado na Câmara dos Deputados em 12/06/2001, sendo uma lei muito mais voltada para (e preocupada com) os juizados cíveis que para os criminais. Fundamentalmente interessam (para a esfera criminal) os dois primeiros artigos da Lei[37] onde se encontra inserido inclusive a definição do conceito de "menor potencial ofensivo".

ORGANOGRAMA DO PODER JUDICIÁRIO BRASILEIRO

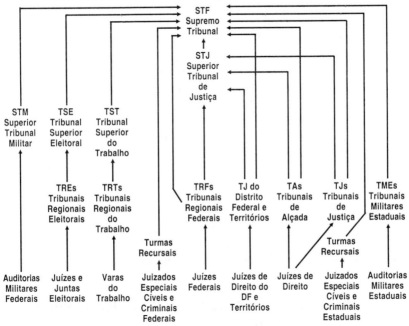

---

[37] Lei n° 10.259/01. Art. 1°. São instituídos os Juizados Especiais Cíveis e Criminais da Justiça Federal, aos quais se aplica, no que não conflitar com esta Lei, o disposto na Lei n° 9.099, de 26 de setembro de 1995.
Art. 2°. Compete ao Juizado Especial Federal Criminal processar e julgar os feitos de competência da Justiça Federal relativos às infrações de menor potencial ofensivo.
Parágrafo único. Consideram-se infrações de menor potencial ofensivo, para os efeitos desta Lei, os crimes a que a lei comine pena máxima não superior a dois anos, ou multa.

15. Contencioso administrativo

Nos países que seguem o sistema de unidade da jurisdição ("sistema inglês") impõe-se plenamente a regra do monopólio da jurisdição pelo Poder Judiciário.

No sistema da dualidade da jurisdição ("sistema francês") os litígios em que for parte a administração são apreciados por "tribunais" integrados na estrutura do próprio Poder Executivo.

Estes tribunais decidem com eficácia vinculativa plena, suas decisões transitam materialmente em julgado, não podendo a questão ser reexaminada pelo Poder Judiciário. É o "contencioso administrativo".

Nos tempos do Brasil Império, devido à existência de um "Conselho de Estado", havia a dualidade da jurisdição. Com a República foi abolido o contencioso administrativo, firmando-se a unidade da jurisdição (CF, art. 5º, XXXV).

No Brasil não existe o "contencioso administrativo" com função jurisdicional.

Quando usamos o termo "contencioso administrativo", como ocorre nas questões fiscais, referimo-nos a decisões sem eficácia material de coisa julgada. Tais decisões possuem eficácia apenas no plano administrativo.

16. Relacionamento entre jurisdição civil e jurisdição penal

Sendo a função jurisdicional única e indivisível, ocorre um intercâmbio entre seus diversos órgãos, tanto no sentido de aproveitamento de atos processuais já realizados, como também quando se dá a suspensão do processo no crime ou no cível, aguardando a solução de questão prejudicial (que necessita ser previamente julgada).

Os casos em que existe relacionamento entre a jurisdição civil e a jurisdição penal são os seguintes:
1. suspensão prejudicial do processo crime;
2. suspensão do processo no cível;
3. sentença penal condenatória: título executivo judicial;
4. prova emprestada;
5. crimes falimentares.

Suspensão prejudicial do processo-crime. Conforme os artigos 92 a 94 do Código de Processo Penal, ocorre a suspensão do processo-crime nos casos em que a decisão deste dependa de controvérsia a ser dirimida previamente no cível.

A referida controvérsia pode dizer respeito ao estado civil das pessoas, o que necessariamente determinará a suspensão do processo, ou poderá consistir de qualquer questão de difícil solução, e que não verse sobre direito cuja prova a lei civil limite.

Transitada em julgado no cível, a questão prejudicial passa a ser prova suficiente e inconteste para posterior utilização na decisão do processo no crime.

Suspensão do processo no cível. Também de acordo com os arts. 92 a 94 do Código de Processo Penal, é possível que se proponha a ação civil para ressarcimento de danos por ilícitos penais na pendência da ação penal, todavia, o juiz da primeira poderá suspendê-la até o julgamento da outra.

Consoante com o art. 64, parágrafo único, do Código de Processo Penal, é possível que se proponha a ação civil para ressarcimento de danos por ilícitos penais na pendência da ação penal, todavia, o juiz da primeira poderá suspendê-la até o julgamento da outra.

É importante observar que "a ação civil pode ser proposta mesmo antes de transitada em julgado a decisão no crime, uma vez que todo o ilícito penal é sempre ilícito civil; mas nem todo ilícito civil é sempre ilícito penal."

Sentença penal condenatória: título executivo judicial. Enuncia o artigo 584, II, do Código de Processo Penal que "a sentença penal condenatória transitada em julgado é título executivo judicial, e o artigo 63 do mesmo diploma complementa que o ofendido, seu representante legal ou seus herdeiros, poderão promover a execução no juízo cível, para fins de reparação do dano. Conforme o art. art. 91, I, do Código Penal Brasileiro,[38] a sentença penal condenatória transitada em julgado torna certa a obrigação de indenizar o dano resultante do crime, não cabendo mais questionamentos no cível quanto ao dever ou não de reparar o dano.

Prova emprestada. Em atenção ao Princípio da Economia Processual, as provas realizadas em um processo, no cível ou no crime, contra o mesmo réu, podem ser aproveitadas mediante a expedição de certidões dos atos realizados, não necessitando que sejam repetidos.

Crimes falimentares. De acordo com os artigos 507 a 511 do Código de Processo Penal,[39] os crimes falimentares dependem da declaração, por sentença, do estado de falido.

---

[38] Art. 91, I – tornar certa a obrigação de indenizar o dano causado pelo crime.

[39] Art. 507. A ação penal não poderá iniciar-se antes de declarada a falência e extinguir-se-á quando reformada a sentença que a tiver decretado.
Art. 508. O prazo para a denúncia começará a correr do dia em que o órgão do Ministério Público receber os papéis que devem instruí-la. Não se computará, entretanto, naquele prazo o tempo consumido posteriormente em exames ou diligências requeridos pelo Ministério Público ou na obtenção de cópias ou documentos necessários para oferecer a denúncia.
Art. 509. Antes de oferecida a denúncia ou a queixa, competirá ao juiz da falência, de ofício ou a requerimento do Ministério Público, do síndico, do liquidatário ou de qualquer dos credores, ordenar inquéritos, exames ou quaisquer outras diligências destinadas à apuração de fatos ou circunstâncias que possam servir de fundamento à ação penal.
Art. 510. O arquivamento dos papéis, a requerimento do Ministério Público, só se efetuará no juízo competente para o processo penal, o que não impedirá seja intentada ação por queixa do liquidatário ou de qualquer credor.
Art. 511. No processo criminal não se conhecerá de argüição de nulidade da sentença declaratória da falência.

17. Jurisdição contenciosa e jurisdição voluntária

A jurisdição distingue-se em jurisdição contenciosa e jurisdição voluntária.

A jurisdição contenciosa aplica a lei com o objetivo de eliminar um litígio, em qual situação a sentença adquire autoridade de coisa julgada material.

A coisa julgada material é "atributo específico da jurisdição contenciosa.

A jurisdição voluntária (ou graciosa, ou administrativa) se constitui em atos de direito público, no direito de atividade administrativa, "que o Poder Judiciário realiza para reconhecer, verificar, autorizar, aprovar, constituir ou modificar situações jurídicas".

17.1. Distinções entre jurisdição contenciosa e jurisdição voluntária

A diferença básica é a lide. A jurisdição contenciosa tem por finalidade compor conflitos de interesses em caráter de imparcialidade, com vista à pacificação; enquanto a jurisdição voluntária tutela determinados interesses, com vista à proteção do interessado.

Na JC a causa é um conflito de interesses, uma "lide".

Na JV a causa é um negócio, ato ou providência jurídica.

Na Jurisdição Contenciosa a atividade é jurisdicional.

Na Jurisdição Voluntária a atividade é administrativa. (arts. 1.103 do CPC)[40]

---

[40] Art. 1.103. Quando este Código não estabelecer procedimento especial, regem a jurisdição voluntária as disposições constantes deste Capítulo.

Na JC existem partes contrapostas.

Na JV há "interessados" na tutela de um mesmo interesse. (art. 1104 do CPC)[41]

Na JC a iniciativa se dá por meio de "ação", em que se formula o pedido do autor contra o réu.

Na JV a iniciativa se dá por meio de simples "requerimento", em que se indica a "providência judicial" postulada. Esta providência não é "contra" ninguém, mas apenas em favor do requerente.

Na JC se procede mediante um "processo", sob o princípio do "contraditório".

Na JV embora exista a citação do Ministério Público e de eventuais interessados, há um simples "procedimento administrativo", facultada eventual "controvérsia" quanto à melhor maneira de administrar o "negócio" em jogo.

Na JC a sentença produz "coisa julgada material".

Na JV a sentença não produz a "coisa julgada material", podendo ser modificada em face de circunstâncias supervenientes (art. 1.111 do CPC)[42].

Na JC o critério de julgamento é o da "legalidade", com a aplicação do direito objetivo para a eliminação do conflito.

Na JV não é obrigatória a "legalidade estrita", podendo o juiz ater-se a critérios de conveniência e oportunidade (art. 1.109 do CPC)[43].

---

[41] Art. 1.104. O procedimento terá início por provocação do interessado ou do Ministério Público, cabendo-lhes formular o pedido em requerimento dirigido ao juiz, devidamente instruído com os documentos necessários e com a indicação da providência judicial.

[42] Art. 1.111. A sentença poderá ser modificada, sem prejuízo dos efeitos já produzidos, se ocorrerem circunstâncias supervenientes.

[43] Art. 1.109. O juiz decidirá o pedido no prazo de 10 (dez) dias; não é, porém, obrigado a observar critério de legalidade estrita, podendo adotar em cada caso a solução que reputar mais conveniente ou oportuna.

18. Limites da jurisdição civil

Não obstante o princípio da inafastabilidade, há limitações à atuação da jurisdição, isto é, há casos em que embora ocorra a lesão de direito, não se obtém a prestação jurisdicional, ou a solução está fora dos órgãos do Poder Judiciário.

No Brasil exerce-se a jurisdição civil de nossos tribunais desde que o réu aqui esteja domiciliado; ou no Brasil deva ser cumprida a obrigação; ou a demanda se originar de fato ocorrido ou ato praticado no Brasil; ou quando aqui estiver situado o imóvel objeto da lide; ou estiverem situados os bens arrolados em inventário (CPC, arts. 88 e 89).

Há limitações internas, de exclusão do Poder Judiciário e limitações internacionais por força de critérios de conveniência e viabilidade.

Em alguns casos, a lei brasileira admite a concorrência de jurisdição; assim, se não houver sido acionada a jurisdição brasileira, poderá merecer homologação para produzir efeitos no Brasil, sentença proferida em juízo estrangeiro. Em outros casos (art. 89 do CPC), a jurisdição brasileira afirma-se com exclusividade.

Na prática, os estados aceitam as limitações decorrentes dos princípios da efetividade e da submissão.

Segundo o princípio da efetividade, "o juiz é incompetente para proferir sentença que não tenha possibilidade de executar", por estarem fora de seu alcance as coisas objeto da demanda, ou o sujeito passivo.

Pelo princípio da submissão, "uma pessoa pode voluntariamente submeter-se à jurisdição de tribunal a que não seja sujeita, mas, se começa por aceitar essa jurisdição, não pode depois pretender livrar-se dela".

Assim teremos:

18.1. Limites internacionais

As normas que versam sobre a jurisdição de cada Estado são de direito público interno, tendo sua eficácia limitada ao seu território.

Os limites da jurisdição são ditados por razões de convivência pacífica entre os Estados igualmente soberanos, observando-se conveniência e viabilidade.

O CPC, em seus artigos 88[44] e 89,[45] enuncia a fixação da competência internacional da jurisdição brasileira, ou seja, situações em que nossa jurisdição alcança atos praticados no estrangeiro, com efeitos no Brasil verificados.

Os limites internacionais em caráter pessoal englobam:
- os Estados estrangeiros;
- os chefes de estados estrangeiros;
- os agentes diplomáticos.

As imunidades referidas são pronunciadas pela Convenção sobre Funcionários Públicos (Havana, 1928) e Conferência Internacional sobre Relações Diplomáticas (Viena, 1961).

Os navios de guerra estrangeiros são considerados território estrangeiro, ainda que dentro de nossas águas territoriais, e também o são os prédios das delegações diplomáticas.

---

[44] Art. 88. É competente a autoridade judiciária brasileira quando:
I - o réu, qualquer que seja a sua nacionalidade, estiver domiciliado no Brasil;
II - no Brasil tiver de ser cumprida a obrigação;
III - a ação se originar de fato ocorrido ou de fato praticado no Brasil.
Parágrafo único. Para o fim do disposto no nº I , reputa-se domiciliada no Brasil a pessoa jurídica estrangeira que aqui tiver agência, filial ou sucursal.

[45] Art. 89. Compete à autoridade judiciária brasileira, com exclusão de qualquer outra:
I - conhecer de ações relativas a imóveis situados no Brasil;
II - proceder a inventário e partilha de bens, situados no Brasil, ainda que o autor da herança seja estrangeiro e tenha residido fora do território nacional.

18.2. Limites internos

Apesar de ser manifestação de soberania, por contingência de convivência entre poderes estatais, a atuação jurisprudencial sofre algumas delimitações, quais sejam:
- atuação anômala de órgãos não-jurisdicionais (art. 59, I, II da CF/88);
- compromisso arbitral - Lei n° 9.307/96;
- o mérito dos atos administrativos discricionários.

Subjetivamente, a jurisdição brasileira impõe-se a todas as pessoas que se encontrem em território nacional, brasileiras ou estrangeiras.

No âmbito civil, gozam de imunidades jurisdicionais os chefes de Estado estrangeiros e os agentes diplomáticos, de acordo com princípios de direito internacional público, e ainda funcionários de algumas instituições de caráter internacional.

Os próprios Estados estrangeiros e organizações internacionais, renunciando à imunidade, podem ser parte perante as justiças brasileiras, sendo então competentes para o julgamento das causas o STF, ou os juízes federais, neste último caso cabendo da sentença recurso ordinário para o STJ.

19. Substitutivos da jurisdição

Conforme ensina o Professor Athos Gusmão Carneiro, determinados atos, embora não provindos de autoridade judiciária brasileira, conduzem, sob certas condições, à composição definitiva da lide, mesmo resultado que seria obtido mediante o uso das vias judiciais: são os substitutivos da jurisdição ou "equivalentes jurisdicionais".

O primeiro deles será o juízo arbitral, pouco usado no Brasil, salvo no âmbito dos Juizados Especiais.

O apelo ao juiz arbitral impede aos compromitentes o posterior ajuizamento de ação perante os tribunais, pois o compromisso implica "renúncia ao conhecimento de uma controvérsia por obra da autoridade judiciária". Se após prestado o compromisso qualquer dos compromitentes propuser demanda judicial, o réu poderá argüir na contestação, em preliminar, a existência de compromisso arbitral (art. 301, IX)[46]; comprovada a validade do compromisso o processo será extinto sem julgamento do mérito (art. 267, VII).[47]

---

[46] Art. 301. Compete-lhe, porém, antes de discutir o mérito, alegar:
I - inexistência ou nulidade da citação;
II - incompetência absoluta;
III - inépcia da petição inicial;
IV - perempção;
V - litispendência;
VI - coisa julgada;
VII - conexão;
VIII - incapacidade da parte, defeito de representação ou falta de autorização;
IX - convenção de arbitragem;
X - carência de ação;
XI - falta de caução ou de outra prestação, que a lei exige como preliminar.
§ 1º Verifica-se a litispendência ou a coisa julgada, quando se reproduz ação anteriormente ajuizada.
§ 2º Uma ação é idêntica à outra quando tem as mesmas partes, a mesma causa de pedir e o mesmo pedido.
§ 3º Há litispendência, quando se repete ação, que está em curso; há coisa julgada, quando se repete ação que já foi decidida por sentença, de que não caiba recurso.
§ 4º Com exceção do compromisso arbitral, o juiz conhecerá de ofício da matéria enumerada neste artigo.

[47] Art. 267. Extingue-se o processo, sem julgamento do mérito:
I - quando o juiz indeferir a petição inicial;
II - quando ficar parado durante mais de 1 (um) ano por negligência das partes;
III - quando, por não promover os atos e diligências que lhe competir, o autor abandonar a causa por mais de 30 (trinta) dias;
IV - quando se verificar a ausência de pressupostos de constituição e de desenvolvimento válido e regular do processo;
V - quando o juiz acolher a alegação de perempção, litispendência ou de coisa julgada;
VI - quando não concorrer qualquer das condições da ação, como a possibilidade jurídica, a legitimidade das partes e o interesse processual;
VII - pela convenção de arbitragem;

Após receber a homologação, o laudo arbitral adquire (CPC, art. 1.097) a eficácia de verdadeira sentença, e "produz entre as partes e seus sucessores os mesmos efeitos da sentença judiciária; e contendo condenação da parte, a homologação lhe confere eficácia de título executivo (art. 584, III).[48]

A sentença de tribunal estrangeiro por intermédio de homologação, adquire eficácia e executoriedade no Brasil.

O legislador brasileiro, em tal caso, contenta-se com um exame formal da sentença, não lhe discutindo o mérito, não indagando da justiça da sentença, a não ser tão-somente para negar homologação às sentenças que atentem contra a soberania nacional, a ordem pública ou os bons costumes (Reg. Int. do STF, art. 211).

A autoridade judiciária competente para a homologação é o presidente do Supremo Tribunal Federal (CF,

VIII - quando o autor desistir da ação;
IX - quando a ação for considerada intransmissível por disposição legal;
X - quando ocorrer confusão entre autor e réu;
XI - nos demais casos prescritos neste Código.
§ 1º O juiz ordenará, nos casos dos ns. II e III, o arquivamento dos autos, declarando a extinção do processo, se a parte, intimada pessoalmente, não suprir a falta em 48 (quarenta e oito) horas.
§ 2º No caso do parágrafo anterior, quanto ao nº II, as partes pagarão proporcionalmente as custas e, quanto ao nº III, o autor será condenado ao pagamento das despesas e honorários de advogado (art. 28).
§ 3º O juiz conhecerá de ofício, em qualquer tempo e grau de jurisdição, enquanto não proferida a sentença de mérito, da matéria constante dos ns. IV, V e VI; todavia, o réu que a não alegar, na primeira oportunidade em que lhe caiba falar nos autos, responderá pelas custas de retardamento.
§ 4º Depois de decorrido o prazo para a resposta, o autor não poderá, sem o consentimento do réu, desistir da ação.

[48] Art. 584. São títulos executivos judiciais:
I - a sentença condenatória proferida no processo civil;
II - a sentença penal condenatória transitada em julgado;
III - a sentença arbitral e a sentença homologatória de transação ou de conciliação;
IV - a sentença estrangeira, homologada pelo Supremo Tribunal Federal;
V - o formal e a certidão de partilha.
Parágrafo único. Os títulos a que se refere o n. V deste artigo têm força executiva exclusivamente em relação ao inventariante, aos herdeiros e aos sucessores a título universal ou singular.

art. 102, I, *h*)[49], processando-se contenciosamente a ação de homologação, com a citação "do executado" para oferecer contestação (Reg. Int. do STF, arts. 213 e ss.). A sentença estrangeira homologada pelo STF pode transforma-se, assim como as decisões judiciais transitadas em julgado em títulos executivos judiciais (artigo 584, Inciso IV do CPC).

Não será homologada a sentença estrangeira se não estiver revestida das formalidades previstas na legislação do Estado de origem, exigindo-se haja sido proferida por juiz competente (competência internacional) sob as garantias mínimas do contraditório, haver transitado em julgado e encontrar-se autenticada pelo cônsul brasileiro e devidamente traduzida (Regimento Interno do STF, art. 212).

20. *Perpetuatio jurisdictionis*

Conforme enunciado pelo art. 87[50] do Código de Processo Civil, determina-se a competência no momento em que a ação é proposta, não mais podendo ser alterada.

Uma vez fixada a competência, esta é perpetuada, no que consiste o princípio da *perpetuatio jurisdictionis*.

Deve ser observado que o princípio não se aplica aos casos em que houver a supressão do órgão jurisdicional original ou ocorrer alteração da competência do referido órgão em razão da matéria ou da hierarquia.

---

[49] Foi aprovado pelo Senado Federal um projeto de Emenda Constitucional nº 11 de 2001, passando para os Juízes Federais a competência por delegação para conhecer as ações de homologação de divórcio e separação judicial estrangeiras.

[50] Art. 87. Determina-se a competência no momento em que a ação é proposta. São irrelevantes as modificações do estado de fato ou de direito ocorridas posteriormente, salvo quando suprimirem o órgão judiciário ou alterarem a competência em razão da matéria ou da hierarquia.

Por exemplo, se determinada ação tramitava por uma Vara de Família, esta deixando de existir, a ação será redistribuída para uma Vara Civil.

Quando houver a divisão da circunscrição territorial e a criação de nova comarca, como ensina a professora Djanira Maria Radamés de Sá, os tribunais estaduais entendem que esta nova comarca receberá apenas novos feitos, exceto quando se tratar de ações para as quais se considera o foro da situação da coisa (*forum rei sitae*).

Já na doutrina encontramos ensinamento diverso que consiste, em que da criação da nova comarca deverá, visando à administração da justiça, ser afastada a regra da *perpetuatio jurisdictionis*.

21. Competência

Segundo Liebman, "é a quantidade de jurisdição cujo exercício é atribuído a cada órgão ou grupo de órgãos judiciais".

Todos os juízes exercem jurisdição, mas a exercem numa certa medida, dentro de certos limites. São "competentes" para processar e julgar determinadas causas. A "competência" é a medida da jurisdição.

A lei processual civil atribui competência aos juízes valendo-se de diferentes "dados", relacionados principalmente com a própria lide ou com as pessoas dos litigantes.

O local de domicílio do réu é o "dado" mais comum para a determinação da competência; mas também o valor atribuído à demanda, a matéria sobre a qual versa a demanda, o lugar em que se encontra o imóvel objeto da causa, ou a vinculação de uma demanda com outra que já se encontra em andamento e muitos outros "dados" são aproveitados pela lei para dispor que uma determinada causa deva ser conhecida e julgada por certo juiz.

Encontramos as normas de determinação de competência na Constituição Federal, nas Constituições Estaduais, no CPC (também no CPP), em leis federais não codificadas, nos Códigos de Organização Judiciária estaduais e nos regimentos internos dos Tribunais.

O CPC prevê que a competência em razão da matéria e a competência em razão do valor da causa (salvo casos expressos na CF, no CPC ou em lei federal) regem-se pelas leis de organização judiciária.

Cabe à legislação estadual, nas comarcas providas de duas ou mais varas, dispor sobre a criação de juízos privativos, incumbidos de conhecer determinadas causas.

Podem ser criados juízos privativos das ações relativas a direitos de família, falências, causas de pequeno valor, entre outros.

Na busca do foro competente (órgão judiciário competente), deve o jurista perguntar-se:
1. É competente a Jurisdição Brasileira?
2. É competente a Justiça especializada?
3. Onde será proposta a ação?
4. Perante qual juiz deve ser proposta a ação?

Em busca deste foro competente, passaremos a discorrer, buscando responder a estas perguntas.

21.1. Competência internacional

A determinação do juízo competente é feita por etapas.

Em primeiro lugar, verifica-se se é competente a Justiça brasileira.

A competência se limita pelo Princípio da Efetividade, uma vez que o juiz brasileiro somente poderá atuar em causas onde realmente possa fazer cumprir a sentença, quando estas estiverem vinculadas a país estrangeiro.

21.1.1. Competência internacional concorrente

Há situações em que uma causa pode ser julgada tanto pela justiça brasileira, como pela justiça estrangeira, isto consiste na competência internacional concorrente.

Ocorrendo que a causa seja julgada no exterior, é necessário que a sentença estrangeira seja homologada pelo Supremo tribunal Federal, para fins de cumprimento no Brasil.

O artigo 88 do Código de Processo Civil enumera os casos de tal competência, definindo quando é competente a autoridade brasileira.
1. Quando o réu, mesmo se estrangeiro, tiver domicílio no Brasil (art. 88, I, do CPC);
2. Quando a obrigação tiver de ser cumprida no Brasil;
3. Quando a ação se originar de fato ocorrido ou de ato praticado no Brasil.

Conforme o artigo 90[51] do referido Código, mesmo que já exista ação proposta no exterior, pode a mesma também o ser no Brasil, desde que se trate de competência internacional concorrente.

Não poderá se realizar no caso de ter sido definitivamente julgada a demanda no estrangeiro.

21.1.2. Competência exclusiva da justiça brasileira

No artigo 89 do CPC estão previstas as situações onde a competência é exclusiva da justiça Brasileira.

Tratando-se de competência exclusiva, ação proposta no exterior, não receberá homologação; o mesmo ocorrendo em relação as rogatórias, que não receberão o exequatur.

---
[51] Art. 90. A ação intentada perante tribunal estrangeiro não induz litispendência, nem obsta a que a autoridade judiciária brasileira conheça da mesma causa e das que lhe são conexas.

São exemplos as ações relativas a imóveis situados no Brasil, o inventário e partilha de bens, imóveis ou móveis, situados no Brasil, mesmo que o de cujus tenha sido estrangeiro e haja residido e falecido no estrangeiro. No que tange à representação em juízo do Estado estrangeiro, é do Embaixador, e não do Cônsul, tal atribuição.

A partir do momento em que definimos ser competente a Justiça brasileira, devemos buscar o foro competente.

Nesta etapa verificaremos se a ação será de conhecimento do Justiça comum, ou de algum ramo das Justiças especializadas.

A competência das Justiças do Trabalho, Federal e Militar está prevista expressamente na Constituição Federal.

Quando a causa não tiver sua competência como de uma das justiças especializadas, caberá à Justiça Comum, que é exercida pelos Tribunais e Juízes estaduais, ou Justiça local do Distrito Federal e territórios.

Verificada a competência da justiça, busca-se o "foro competente", que consiste na circunscrição territorial onde a causa deve ser processada.

O principal dado para determinar a "competência territorial" é o domicílio do réu, o "foro geral".

Caso o réu possua mais de um domicílio, poderá ser demandado em qualquer deles; quando ignorado seu domicílio, este será demandado onde estiver residindo, ou no foro do autor; e numa terceira situação, se o réu residir no estrangeiro, considerando-se um processo de competência da Justiça brasileira, será competente o foro do domicílio do autor, e se este também residir fora do Brasil, a demanda poderá ser proposta no foro que tiver alguma vinculação com a causa (art. 94, § 3º, CPC).[52]

---

[52] Art. 94. A ação fundada em direito pessoal e a ação fundada em direito real sobre bens móveis serão propostas, em regra, no foro do domicílio do réu.
§ 1º Tendo mais de um domicílio, o réu será demandado no foro de qualquer deles.

Tratando-se de dois ou mais réus, com diferentes domicílios, poderão ser demandados no foro de qualquer um deles, à escolha do autor (art. 94, § 4°, CPC).

Na Justiça comum, buscamos a comarca que dispõe de pelo menos uma vara titulada por juiz de direito, podendo abranger a área de um ou mais Municípios.

Em comarcas de grande população e intenso movimento forense, como é o caso Porto Alegre, leis estaduais dispõem sobre uma divisão territorial interna, criando foros regionais em áreas suburbanas, fixando-lhes a competência.

Na Justiça Eleitoral, buscamos a zona eleitoral. Na Justiça Federal, a seção judiciária.

21.2. Juízo competente

Uma vez fixado como foro competente o de determinada comarca, solucionamos o problema sob o ponto de vista territorial.

Devemos, a seguir, observar que nessa comarca estão sediadas Varas Cíveis comuns, e varas especializadas por competência "em razão da matéria".

São varas especializadas as Varas de Família e Sucessões, Vara dos Registros Públicos, Vara de Acidentes do Trabalho, Vara de Falências e Concordatas, Varas Federais Previdenciárias, etc.

Também há as Varas Criminais, que serão tratadas oportunamente, por não dizerem respeito ao estudo em questão.

Por exemplo, se propusermos um ação de indenização por acidente de trânsito, sendo o réu um particular, será competente, em razão da matéria, uma das Varas

§ 2° Sendo incerto ou desconhecido o domicílio do réu, ele será demandado onde for encontrado ou no foro do domicílio do autor.
§ 3° Quando o réu não tiver domicílio nem residência no Brasil, a ação será proposta no foro do domicílio do autor. Se este também residir fora do Brasil, a ação será proposta em qualquer foro.
§ 4° Havendo dois ou mais réus, com diferentes domicílios, serão demandados no foro de qualquer deles, à escolha do autor.

Cíveis. No caso de uma grande comarca como Porto Alegre, onde existem dezoito Varas Cíveis (ou, em outras palavras, diversos juízos competentes), deve-se proceder à distribuição da causa nos termos do art. 251 do CPC, o que significa que deverá ser sorteado o juízo (dentre os em tese competentes) para o qual será remetido o processo. Tal sorteio, distribuição, deve ser feito todas as vezes que ocorrer de existir mais de um juiz ou escrivão, devendo o número de processos distribuídos a cada juiz ser igual.

Se a ação indenizatória tiver como ré a Fazenda Pública Estadual ou Municipal, será observada a competência em razão da pessoa do réu, *ratione personae*; sendo competente uma das varas da Fazenda Pública. No caso de ação de alimentos, ação de inventários, será uma das Varas de Família e Sucessões. Em Porto Alegre, no Foro Central, estão sediadas dezoito Varas Cíveis, oito Varas de Família e Sucessões, sete Varas da Fazenda Pública, etc.

Sendo a causa de competência de Vara Cível, por exemplo, ela será distribuída a uma dessas varas, que se tornará competente por prevenção. (art. 251, CPC)[53]

Como podemos ver, após fixarmos o território, encontramos o "juízo competente", que é onde a causa será processada e julgada.

Pode ainda existir mais uma etapa até finalizarmos a fixação da competência, isto por que certas varas são dotadas de mais de um juiz, devendo a causa ser distribuída a um deles.

22. Competência interna nos órgãos colegiados

Nos tribunais de Estados populosos há divisão em Câmaras.

---

[53] Art. 251. Todos os processos estão sujeitos a registro, devendo ser distribuídos onde houver mais de um juiz ou mais de um escrivão.

O COJE fixa a competência para determinados recursos e para determinadas causas de competência originária, além de fixar a competência do Tribunal Pleno, o mesmo acontecendo com os Tribunais Superiores Federais que de acordo com seus regimentos internos terão delimitadas as competências de suas turmas e do seu pleno.

A Constituição Federal é explícita no sentido de que compete privativamente aos tribunais dispor sobre "a competência e o funcionamento dos respectivos órgãos jurisdicionais e administrativos". (CF, art. 96, I, *a*)

23. Diferenciação entre juiz e juízo

O juízo é a "vara", é a célula básica da organização judiciária, quando menos de um juiz, do escrivão e do oficial de justiça com as disponibilidades de pessoal e material indispensáveis ao funcionamento do serviço judiciário.

O juiz é o profissional devidamente concursado e investido na função pública.

A mudança da pessoa física dos juízes que o integram não altera a competência do juízo. Pode, no entanto, um juiz, apesar de não mais pertencer a determinado juízo, continuar "vinculado" a certas causas que nesse juízo tramitam), assim, v.g., o juiz que é removido (ou classificado) para outra vara na mesma comarca continua competente para processar e julgar os feitos cíveis cuja instrução iniciou em audiência (é o princípio da identidade física do juiz).

24. Exceção ao princípio da *perpetuatio jurisdictionis*

A competência, determinada no momento em que foi proposta a demanda, não mais se altera, mesmo que se modifiquem os fatos, em função dos quais se deu a determinação (art. 87 do CPC).

Verifica-se situação de exceção ao princípio se o órgão judiciário for suprimido, ou quando alterada sua competência em razão da matéria ou da hierarquia. Quando suprimida uma Vara Cível, os feitos que nela tramitavam passam aos cuidados de outras varas.

25. Competência absoluta e competência relativa

25.1. Competência relativa

São casos de competência relativa aqueles onde as regras de competência visam a atender em primeiro plano as necessidades das partes, facilitando ao autor o acesso ao Judiciário, ou ainda, proporcionando ao réu melhores oportunidades de defesa.

Tratando-se de competência relativa, verifica-se a possibilidade de serem afastadas as regras, pois existe disponibilidade quanto ao foro competente.

Isso pode-se dar mediante acordo prévio, que consiste na "eleição de foro", ou quando o réu deixar de opor a "exceção declinatória de foro".

Súmula 33 STJ: "A incompetência relativa não pode ser suscitada de ofício".

Somente o réu pode suscitar a exceção de incompetência, no prazo de 15 dias, e caso este não se manifeste em tempo hábil, a competência do juiz se considerará prorrogada. O juiz, em tese incompetente, torna-se competente para conhecer e julgar a causa (art. 114 do CPC).[54]

---

[54] Art. 114. Prorroga-se a competência, se o réu não opuser exceção declinatória do foro e de juízo, no caso e prazo legais.

São competências relativas:
- Competência territorial, ou competência de foro. É o caso mais comum.
- Competência em razão do valor da causa. Normalmente fixada nas leis de organização judiciária. Diz respeito à competência do juiz de maior "alçada" poder ser prorrogada para abranger causa de menor valor.
- Competência em razão da situação do imóvel, para os casos nos quais o art. 95 do CPC[55] permite a opção do autor por um foro diferente.

25.2. Competência absoluta

Quando as regras de competência são estabelecidas visando principalmente ao interesse público, de uma melhor administração da Justiça, trata-se de "competência absoluta".

A competência absoluta é indisponível, ou seja, se impõe com força cogente ao juiz.

Em tais casos, sempre que for remetido ao juiz processo para o qual seja absolutamente incompetente, este deve declarar-se de ofício (art. 113, CPC).

Tratando-se de incompetência absoluta, autor, réu, ou qualquer interveniente, podem invocá-la, a qualquer tempo, inclusive como preliminar alegável na contestação (CPC, arts. 113 e 301, II).

Quando proferida sentença por juiz absolutamente incompetente, esta poderá ser rescindida (art. 485 II), pois nestas condições são considerados nulos os atos decisórios proferidos (art. 113, § 2°).[56]

---

[55] Art. 95. Nas ações fundadas em direito real sobre imóveis é competente o foro da situação da coisa. Pode o autor, entretanto, optar pelo foro do domicílio ou de eleição, não recaindo o litígio sobre direito de propriedade, vizinhança, servidão, posse, divisão e demarcação de terras e nunciação de obra nova.

[56] Art. 113. A incompetência absoluta deve ser declarada de ofício e pode ser alegada, em qualquer tempo e grau de jurisdição, independentemente de exceção.

Não é possível a "eleição de foro" quando a competência for absoluta.

São competências absolutas:

- Competência em razão da matéria ou "competência objetiva". Pela natureza da causa, a competência pode tocar a uma justiça especializada, e no âmbito da Justiça Comum, as leis de organização judiciária podem atribuir competência a um juízo privativo.

- Competência em razão da pessoa, vinculada a atributo pessoal do litigante. Por exemplo, causas em que for parte a União ou autarquia federal, cabem à Justiça federal (CF, art. 109, I).

- Competência em razão da situação do imóvel, nas ações fundadas em direito real sobre imóvel (direito de propriedade, ou vizinhança, ou servidão, ou posse, nas ações de divisão e demarcação de terra e nas ações de nunciação de obra nova).

- Competência funcional, em razão das atribuições que o juiz desempenha. Pode ser no "plano horizontal" (mesmo grau de jurisdição), ou no "plano vertical" (quando em grau de recurso).

- Competência em razão do valor de causa. Esta é absoluta no sentido de que a competência do juiz de menor "alçada" não pode ser prorrogada para abranger causa de maior valor.

- Competência absoluta virtual ou eventual. Em alguns casos, pode ocorrer a evolução da competência, quando de relativa passa a absoluta, como relembra Maximilianus Cláudio Américo Führer (*Resumo de Processo Civil*, p. 50).

É o caso da falência, que inicialmente é de competência territorial, fixada pelo lugar do estabelecimento

---

§ 1º Não sendo, porém, deduzida no prazo da contestação, ou na primeira oportunidade em que lhe couber falar nos autos, a parte responderá integralmente pelas custas.

§ 2º Declarada a incompetência absoluta, somente os atos decisórios serão nulos, remetendo-se os autos ao juiz competente.

principal do devedor (art. 7º da Lei de Falências). Um novo passo é dado quando se declara a falência; então a competência se torna absoluta, pelo critério chiovendiano e da nossa legislação, em razão da matéria. O juízo se torna indivisível e com competência para todas as ações concernentes à massa falida (art. 7º, § 2º, da Lei de Falências). Essa mudança da competência relativa para a absoluta ocorre também com outras ações, formando-se os denominados juízos universais, como o juízo universal da sucessão e o da insolvência civil.

26. Outras classificações de competência

Competência Plena: Em comarcas providas de apenas uma vara, é atribuída ao juiz titular a competência para processar e julgar em primeira instância todas as causas propostas naquele foro; tendo competência plena ou cumulativa.

Competência Privada: Verifica-se quando a lei atribui ao órgão julgador o conhecimento apenas de determinadas causas, quer em razão da matéria, quer em razão do valor.

Nas capitais dos Estados existem geralmente varas privativas dos feitos concernentes à Família e Sucessões, Registros Públicos, Fazenda Pública, entre outras.

Competência Comum: Em oposição à competência privativa, aos demais juízos cabe a competência comum, residual.

As varas cíveis comuns recebem todos os processos cíveis não atribuídos expressamente às varas privativas.

Competência Originária e Competência Recursal: A maioria das demandas sobe ao conhecimento dos Tribunais em grau de recurso.

Geralmente as causas têm origem no órgão judiciário de primeira instância. Com algumas exceções, em razão da matéria ou em razão da qualidade das partes, a causa é originalmente proposta perante o juízo colegiado, perante o Tribunal: são causas de competência originária dos Tribunais.

É de competência originária do Supremo Tribunal Federal julgar o mandado de segurança contra ato do Presidente da República (CF, art. 102, I, *d*); de competência originária do Superior Tribunal de Justiça julgar mandado de segurança contra ato de ministro de Estado (CF, art. 105, I, *b*); de competência originária de Tribunal Regional Federal julgar os mandados de segurança e os *habeas data* contra ato do próprio Tribunal ou de Juiz Federal; de competência originária de qualquer Tribunal o julgamento das ações rescisórias contra seus próprios acórdãos.

Classificação de Chiovenda: Segundo Guiseppe Chiovenda, a competência de um Tribunal é o conjunto das causas nas quais ele pode exercer, segundo a lei, sua jurisdição; e três os critérios de sua determinação:

Critério Objetivo – extraído ou da natureza da causa ou do valor da causa;

Critério Funcional – juízes de 1° e 2° graus de jurisdição;

Critério Territorial – *forum domicili, forum rei sitae, forum contractus, forum hereditatis, forum destinatae solutionis*, etc.

27. Controle da competência

Instrumentos processuais para o controle da competência. Ao receber o processo, o primeiro dever do juiz consiste em verificar se é competente, observando os critérios da competência absoluta, para conhecer do referido processo.

Como afirma o Professor Athos Gusmão Carneiro, "todo juiz, é competente para apreciar sua própria competência".

O controle da competência pode ser feito mediante a "exceção de incompetência" e por meio do "conflito de competência".
Exceção de incompetência. O juiz somente poderá, de ofício, declarar-se incompetente, ou suscitar o conflito negativo de competência, quando tratar-se de competência absoluta.
Quando a competência em questão for relativa, cabe ao réu argüir a incompetência relativa, por exemplo, do foro onde o autor propôs a demanda.
Tal situação está enunciada na Súmula 33 do Superior Tribunal de Justiça: "A incompetência relativa não pode ser declarada de ofício".
Segundo o art. 112 do CPC,[57] o réu poderá suscitar a incompetência relativa por intermédio da "exceção de incompetência". O prazo para que esta seja oferecida é de 15 dias, conforme os arts. 297[58] e 305[59] do CPC, bem como deve observar o rito previsto nos arts. 299[60], 307[61] e seguintes do mesmo diploma.
Procedimento do conflito de competência. Ensina o Professor Arruda Alvim: o procedimento do conflito de competência divide-se em cinco fases que não se confundem, quais sejam:
Instrução, devendo ser feita por quem suscitar o conflito, conforme o art. 118 do CPC.[62]

---

[57] Art. 112. Argúi-se, por meio de exceção, a incompetência relativa.
[58] Art. 297. O réu poderá oferecer, no prazo de 15 (quinze) dias, em petição escrita, dirigida ao juiz da causa, contestação, exceção e reconvenção.
[59] Art. 305. Este direito pode ser exercido em qualquer tempo, ou grau de jurisdição, cabendo à parte oferecer exceção, no prazo de 15 (quinze) dias, contado do fato que ocasionou a incompetência, o impedimento ou a suspeição.
[60] Art. 299. A contestação e a reconvenção serão oferecidas simultaneamente, em peças autônomas; a exceção será processada em apenso aos autos principais.
[61] Art. 307. O excipiente argüirá a incompetência em petição fundamentada e devidamente instruída, indicando o juízo para o qual declina.
[62] Art. 118. O conflito será suscitado ao presidente do tribunal:
I - pelo juiz, por ofício;
II - pela parte e pelo Ministério Público, por petição.
Parágrafo único. O ofício e a petição serão instruídos com os documentos necessários à prova do conflito.

Distribuição, realizada imediatamente após ao suscitamento do conflito.

De acordo com o enunciado no art. 120 do CPC,[63] após realizada a distribuição poderá o relator mandar que as autoridades em conflito positivo sustem o andamento do processo.

Nesta fase, deverá ser ouvido o Ministério Público e solicitadas as informações no prazo de cinco dias, caso não tenham sido as autoridades mesmas as suscitantes do conflito.

Tendo sido devidamente instruído o processo, proceder-se-á o julgamento.

Note-se que é inexeqüível suscitar-se o conflito se já existir "sentença com trânsito em julgado, proferida por um dos juízes conflitantes". De acordo com a Súmula 59, do STJ.

Conflito de competência positivo e negativo. Como já verificado, cada juiz tem o juízo de sua competência.

Pode ocorrer, porém, que em determinada situação, dois ou mais juízes se declarem competentes para processar e julgar a mesma causa, é o conflito positivo; ou ainda, os juízes se declarem incompetentes, configurando o conflito negativo.

O conflito de competência pode ser suscitado pelo juiz, pela parte ou pelo Ministério Público.

Este tipo de conflito será suscitado ao presidente do Tribunal, por ofício, se o fizer o juiz, por petição, se a parte ou o Ministério Público. Em qualquer um dos casos deve observar-se a instrução com documentos necessários à prova.

Diferença entre foro de eleição e contrato de adesão. Nas situações de competência relativa, é possível a

---

[63] Art. 120. Poderá o relator, de ofício, ou a requerimento de qualquer das partes, determinar, quando o conflito for positivo, seja sobrestado o processo, mas, neste caso, bem como no de conflito negativo, designará um dos juízes para resolver, em caráter provisório, as medidas urgentes.

existência do foro de eleição, que normalmente é instituído a favor de um dos contratantes, com o consentimento do outro. Pode também ser instituído em benefício de ambos, considerando que no futuro a parte contrária pode mudar de domicílio, adquirindo o direito de ser demandado no novo local.

Caso o réu venha a ser demandado no local de seu domicílio, e não no foro de eleição, em princípio não terá interesse em opor a exceção de incompetência, para que a cláusula de eleição de foro seja fielmente observada.

Tratando-se de contrato de adesão, como ensina o Professor Athos Gusmão Carneiro, a cogência da cláusula de eleição poderá ser afastada.

Observa-se que se referindo a tal modalidade contratual, o Superior Tribunal de Justiça tem admitido em várias situações a prevalência do foro do domicílio do réu, quando este for parte supostamente "mais necessitada".

Modificação da competência. Circunstâncias específicas podem modificar a aplicação das regras gerais de competência, fazendo com que o juiz *A* tenha competência para conhecer de determinada causa, que originalmente seria de competência do juiz *B* (art. 102 do CPC).[64]

Competência pela conexão. Duas ou mais ações tramitando perante juízos diferentes são conexas se ligadas pela identidade do objeto ou pela identidade da pessoa do litigante, total ou parcial, de causa de pedir, ou pela identidade de ambos os elementos (art. 103 do CPC).[65]

Visando à economia processual, estas podem ser reunidas, e quando necessário para evitar decisões contraditórias, devem ser reunidas, podendo o juiz inclusi-

---

[64] Art. 102. A competência, em razão do valor e do território, poderá modificar-se pela conexão ou continência, observado o disposto nos artigos seguintes.

[65] Art. 103. Reputam-se conexas duas ou mais ações, quando lhes for comum o objeto ou a causa de pedir.

ve determinar a reunião das ações de ofício (art. 185 do CPC).[66]

Outra forma de conexão é a continência (art. 104 do CPC).[67]

Caracteriza-se a continência quando entre as causas há identidade quanto às partes e à causa de pedir, mas o objeto de uma é mais amplo e abrange o da outra.

Competência por prevenção. A prevenção é um critério de "fixação", e não propriamente de "determinação" da competência.

Tal situação se verifica quando, via regra, dois ou mais juízes seriam competentes, e pela prevenção, apenas em um deles a competência é fixada, tornando os demais incompetentes.

Tramitando ações conexas perante juízes que têm a mesma jurisdição territorial, há de ser observado o disposto no art. 106 do CPC (quem despachou em primeiro lugar) e tramitando perante juízes que tem jurisdição territorial diferente vale a regra do art. 219 do mesmo diploma legal (primeira citação válida).

O principal critério de prevenção é a citação válida; tornando-se competente para julgar aquela causa, bem como as conexas, o juízo onde ocorreu a primeira citação válida.

Quando as causas conexas correm em juízos diferentes, mas na mesma comarca, considera-se prevento o juiz que despachou em primeiro lugar; configurando-se uma exceção à regra.

Competência pela prorrogação. Pela prorrogação, a competência de um juízo é ampliada, para abranger determinada causa, que pelas regras gerais, nela não estaria incluída.

---

[66] Art. 185. Não havendo preceito legal nem assinação pelo juiz, será de 5 (cinco) dias o prazo para a prática de ato processual a cargo da parte.

[67] Art. 104. Dá-se a continência entre duas ou mais ações sempre que há identidade quanto às partes e à causa de pedir, mas o objeto de uma, por ser mais amplo, abrange o das outras.

Pode ocorrer devido a acordo prévio, como no caso do foro de eleição. Ou por acordo tácito, se no momento oportuno o réu deixa de opor a exceção de incompetência, aceitando o foro escolhido pelo autor. A prorrogação só pode alterar a competência relativa; nunca a absoluta.

28. Foros competentes para ajuizamento de ações cíveis

Ação de acidente do trabalho: será competente o foro da Justiça Estadual onde reside o acidentado, podendo o demandante optar pelo foro de domicílio do réu.

Ação revisional de benefício da previdência: é de competência da Justiça Federal, todavia, se oriunda de comarca que não seja sede de Vara Federal, a demanda será proposta perante o Juiz de Direito, que exercerá a jurisdição delegada, com recurso para o TRF da respectiva região.

Ação relativa à movimentação do FGTS: conforme Súmula 82 do STJ, é Justiça Federal, no entanto segundo a Súmula 161 do STJ, será de competência da Justiça Estadual, para autorizar o levantamento dos valores relativos ao PIS/PASEP em decorrência do falecimento do titular da conta.

Ação de desapropriação: quando proposta pela União, o foro competente é o do Distrito Federal, ou da capital do Estado onde for domiciliado o réu; quando proposta pelo Estado, Município ou Autarquias, a ação será de competência da justiça comum, no foro da situação do bem expropriado, e onde houver, no juízo privativo da Fazenda Pública.

Ação de declaração de falência e concordata e contra a massa falida: para ação de decretação de falência ou concordata, é competente o foro do lugar onde se situa o principal estabelecimento do comerciante devedor, onde real e efetivamente mantenha a sede de seus negócios, que não necessariamente coincide com aquele indicado como sede nos estatutos ou contrato social.

Ação de execução fiscal: a regra diz que deve ser proposta no foro do domicílio do réu, podendo a Fazenda Pública optar por outros foros, conforme enunciado no art. 578 do Código de Processo Civil.

Ação popular: será processada junto ao foro civil situado na origem do ato impugnado. Destarte, se o ato impugnado emana de órgão ou autoridade da União, de autarquia ou entidade mantida pela União, competente será a Justiça Federal.

Ação civil pública: conforme dispõe o artigo segundo da Lei 7.347/85, as ações civis públicas devem ser propostas no foro do local onde ocorreu o dano, ou onde se tema que venha a ocorrer.

29. Competência em matéria penal

29.1. Determinação do juízo competente

Foro por prerrogativa de função no que diz respeito às autoridades:

Presidente da República: nos crimes de responsabilidade, será julgado pelo Senado Federal (CF, art. 52, I).

O art. 85, I a VII, da CF, apresenta o rol dos considerados crimes de responsabilidade.

Tais infrações estão reguladas pela Lei nº 1.079/50, bem como o seu respectivo julgamento.

Como ensina CAPEZ, "esse processo de *impeachment* divide-se em duas fases: juízo de admissibilidade e julgamento. A primeira tem início perante a Câmara dos

Deputados, mediante acusação de qualquer cidadão no gozo de seus direitos políticos, que somente será admitida por dois terços dos votos, em uma única sessão. Remetidos os autos ao Senado, caso este venha a instaurar o processo, o presidente ficará suspenso de suas funções (CF, art. 86, § 1º, II), pelo prazo máximo de cento e oitenta dias, tempo em que o processo já deverá estar encerrado (CF, art. 86, § 2º). O presidente do STF assumirá a presidência dos trabalhos, submetendo a denúncia à votação, exigindo-se dois terços dos votos para a condenação, sem prejuízo das demais sanções cabíveis. A pena consiste na perda do cargo, mais inabilitação para o exercício da função pública por oito anos (CF, art. 52, parágrafo único). A renúncia apresentada antes da sessão de julgamento não paralisa o processo, uma vez que a sanção não se limita à perda do mandato (MS 21.689-1, m.v., DJU, 7 abr. 1995).

Nos *crimes comuns*, o processo também se desenvolve em duas fases. Admitida a acusação pela Câmara dos Deputados, por dois terços dos votos, o presidente será julgado pelo STF (CF, art. 102, I, b). Se for crime de ação penal pública, caberá ao procurador-geral da República oferecer a denúncia; sendo de iniciativa privada, o inquérito aguardará a provocação do ofendido. Recebida a denúncia ou queixa, o presidente ficará suspenso de suas funções (CF, art. 86, § 1º, I), pelo prazo máximo de 180 dias (cento e oitenta dias), tempo em que o processo já deverá estar encerrado (CF, art. 86, § 2º). Enquanto não sobrevier decisão condenatória, o presidente não estará sujeito à prisão (CF, art. 86, § 3º)."

Deputados Federais e Senadores: nos *crimes comuns*, a competência é do STF (CF, art. 102, I, b), desde que haja prévia licença da respectiva Casa (CF, art. 53, § 1º).

Governador do Estado: nos *crimes de responsabilidade*, o órgão competente será definido pela Constituição Estadual. No caso do Rio Grande do Sul, (CE, art. 53,

VI), compete exclusivamente à Assembléia Legislativa processar e julgar o Governador e o Vice-Governador do Estado nos *crimes de responsabilidade*.

No Rio Grande do Sul, de acordo com a Constituição Estadual "compete exclusivamente à Assembléia Legislativa, processar e julgar o Governador e o Vice-Governador do Estado nos *crimes de responsabilidade*, e os Secretários de Estado nos *crimes da mesma natureza conexos com aqueles*" (art. 53, VI e VII).

Prefeitos Municipais: o julgamento cabe ao tribunal de justiça do respectivo Estado, independentemente de prévio pronunciamento da Câmara de Vereadores (CF, art. 29, X), quando se tratar de crimes comuns, assim considerados aqueles tipificados no art. 1º do Decreto-Lei nº 201/67. Devido à falta de um maior detalhamento, já que a Constituição Federal limitou-se a dizer "julgamento do Prefeito perante o Tribunal de Justiça", sem especificar quais os crimes a serem submetidos a esse órgão, tem-se entendido que, na hipótese de crime praticado contra bens, serviços ou interesses da União, competente será o Tribunal Regional Federal, e não o TJ. Pela mesma razão, tratando-se de crime eleitoral, a competência será do Tribunal Regional Eleitoral. No caso de crime contra a Administração Pública praticado em detrimento da União, a competência também será do Tribunal Regional Federal. No entanto, cometido crime doloso contra a vida, a jurisprudência tem afastado a competência do Júri, prevalecendo a do Tribunal de Justiça. No caso de infrações político-administrativas, que são as tipificadas no art. 4º do Decreto-Lei nº 201/67, a competência para julgamento é da Câmara Municipal.

Vice-Presidente, Ministros do STF e Procurador-Geral da República: *crimes comuns* vão para o STF e *crimes de responsabilidade*, para o Senado Federal.

Ministros de Estado: *crimes comuns e de responsabilidade* são de competência do STF. *Crimes de responsabilida-*

de praticados em conexão com os do presidente submetem-se ao Senado Federal.

Desembargadores: são julgados originariamente pelo STJ (CF, art. 105, I, a).

Membros do Ministério Público e Juízes Estaduais (Primeira Instância e Tribunais de Alçada): são julgados sempre pelo tribunal de justiça de seu Estado, não importando a natureza do crime (se federal ou doloso contra a vida) ou o local de sua prática (em outra unidade da federação), ressalvados apenas os crimes eleitorais, caso em que o julgamento caberá ao Tribunal Regional Eleitoral (CF, art. 96, III).

Deputados Estaduais: de acordo com o nosso entendimento, nada impede que a Constituição do Estado-Membro estabeleça o foro por prerrogativa de função perante o tribunal de justiça local, inclusive para os crimes dolosos contra a vida, afastando a competência do Júri.

Obs.: Se o agente vier a ser diplomado deputado federal no curso do processo, haverá imediata cessação da competência local e seu deslocamento para o STF, mantendo-se íntegros todos os atos processuais até então praticados, sob pena de derrogação do princípio do *tempus regit actum*, uma vez que o juiz era competente à época. Se o crime for praticado pelo autor, enquanto membro do Congresso Nacional, o STF deixará de ser competente após a cessação do mandato, uma vez que no dia 25 de agosto de 1999, ao julgar a Questão de Ordem suscitada no Inquérito n° 687-SP, em que figurava como indiciado ex-deputado federal, o Pretório Excelso cancelou a sua antiga Súmula 394, de 3 de abril de 1964, a qual dispunha: "Cometido o crime durante o exercício funcional, prevalece a competência especial por prerrogativa de função, ainda que o inquérito ou a ação penal sejam iniciados após a cessação daquele exercício". Agora, terminado o mandato ou encerrada a função dotada de prerrogativa, a ação penal passará imediatamente para a primeira instância, sem prejuízo dos atos processuais até então praticados.

Dessa forma, competirá aos juízes federais processar e julgar ex-presidentes da República, ex-ministros de Estado, ex-deputados federais, ex-senadores da República, ex-magistrados federais, etc. Em se tratando de ex-autoridades estaduais e municipais, caberá aos juízes de direito o respectivo julgamento.

29.2. Determinação do foro por prerrogativa de função

Presidente da República: crime comum - STF; crime de responsabilidade - Senado Federal.

Vice-Presidente: crime comum - STF; crime de responsabilidade - Senado Federal.

Deputados Federais e Senadores: crime comum - STF; crime de responsabilidade - Casa correspondente.

Ministros do STF: crime comum - STF; crime de responsabilidade - Senado Federal.

Procurador-Geral da República: crime comum - STF; crime de responsabilidade - Senado Federal.

Ministros de Estado: crime comum e de responsabilidade - STF; crime de responsabilidade conexo com o de Presidente da República - Senado Federal.

Ministros de Tribunais Superiores (STJ, TSE, STM e TST) e diplomatas: crime comum e de responsabilidade - STF.

Governador de Estado: crime comum ou eleitoral - STJ; crime de responsabilidade - depende da Constituição Estadual. No caso do Rio Grande do Sul - Assembléia Legislativa.

Desembargadores: crime comum e de responsabilidade - STJ.

Procurador-Geral de Justiça: crime comum - TJ; crime de responsabilidade - Poder Legislativo Estadual.

Membros do Ministério Público e juízes estaduais (primeira instância e Tribunal de Alçada): crime comum, de responsabilidade e doloso contra a vida - TJ; crime eleitoral - TRE;
Deputados estaduais: crime comum e doloso contra a vida - TJ; crime de responsabilidade - Poder Legislativo Estadual;
Prefeitos municipais: crime comum e doloso contra a vida - TJ; crime federal - TRF; crime eleitoral - TRE; crime de responsabilidade - Poder Legislativo Municipal.

30. Ação

30.1. Conceito

No campo vastíssimo da Teoria Geral do Direito Processual, principalmente no que se refere aos institutos ditos fundamentais, a ação, como não poderia deixar de ser, desperta um interesse muito grande em virtude, não somente de seu aspecto histórico jurídico, como também pela importância no que toca aos direitos e garantias individuais.

Quando há a colisão entre interesses diversos, e uma das partes tenta subordinar o interesse do outro ao seu, configura-se o conflito.

Conflito este que não pode ser solucionado pelas próprias mãos, uma vez que a auto-tutela não é permitida, pois cabe ao Estado tal função jurisdicional.

As partes têm a faculdade de solicitar ao Estado a prestação jurisdicional, o que consiste em direito subjetivo e de caráter público: o direito de ação.

Ao Poder Judiciário é atribuída a função em cujo exercício está contida a sujeição de quem o invoca, e visando a manter a ordem jurídica, a atuação da vontade legal, bem como a sujeição de quem a teria violado.

Segundo Vicente Greco Filho, o direito de ação é o direito subjetivo público de pleitear ao Poder Judiciário uma decisão sobre determinada pretensão. Em outras palavras, é o direito de buscar a tutela jurisdicional do Estado visando a resolver um caso concreto.

O órgão jurisdicional sempre proferirá uma decisão a respeito da pretensão apresentada, podendo esta ser acolhida ou não.

Quanto ao réu, o direito de ação consiste em direito de defesa. Por pretensão entende-se o bem jurídico que o autor deseja obter por meio da atuação jurisdicional.

O direito de ação divide-se em dois planos:

Plano do Direito Constitucional: mais abrangente e genérico. Tal plano está definido na Constituição Federal, art. 5º, XXXV, "a lei não excluirá da apreciação do Poder Judiciário lesão ou ameaça a direito".

Plano Processual: neste o direito de ação não é incondicionado, pois devem ser observadas as "condições da ação". Convém observar que o direito de ação sempre se exerce através do processo, sendo o aspecto constitucional uma forma de garantia.

30.2. Natureza jurídica

No que diz respeito à natureza jurídica da ação, duas correntes doutrinárias se contrapõem: a dos civilistas (privatistas) ou da ação como parte do direito subjetivo material; e as dos publicistas (processualistas) ou da ação como direito autônomo.

A primeira, que remonta ao Direito Romano, foi desenvolvida por Savigny, tendo predominado até o princípio do século passado.

Segundo alguns componentes desta escola, o direito de ação é mero aspecto do direito subjetivo material, aspecto belicoso; no entender de outros, ele é um direito que nasce da violação de outro direito, o subjetivo material, e não mero aspecto ou forma.

Esta concepção, vinculando o direito subjetivo e a ação, não pode, indiscutivelmente, prevalecer, por corresponder a um estágio já ultrapassado, em que o direito de ação estava umbilicalmente ligado ao próprio direito material.

A corrente doutrinária publicista começa a surgir entre os pandectistas alemães, que ao lado da célebre definição romana de Celso - "nada mais é a ação do que o direito de alguém perseguir em juízo o que lhe seja devido"[68] - criou o conceito de queixa (*klage*). Aquele como direito exercido contra o réu (*anspruch*) e este como o endereçado ao Estado.

30.3. Polêmica entre Windscheid e Muther

É a partir da polêmica entre os dois juristas alemães (Windscheid e Muther - 1856) que tem início a construção da doutrina da autonomia da direito de ação em relação ao direito material em conflito.

Muther defendia a diferença entre o direito material (direito lesado) e a ação.

Para o jurista, a partir da lesão se originam dois direitos: para a parte lesada surge o direito à tutela jurídica do Estado (direito contra o Estado); para o Estado nasce o direito à eliminação da lesão contra quem a praticou.

Pela teoria de Muther, o direito de ação se constituía exercível contra o Estado e contra o devedor. Inicialmente, Windscheid se opôs às idéias de Muther, mas terminou aceitando que a ação é exercitável contra o Estado e contra o devedor. Como dito inicialmente, tendo esta polêmica como ponto inicial, formou-se a teoria do "direito de ação autônoma", que não se liga nem se confunde com o direito material discutido.

Em virtude da polêmica criada entre Windscheid e Muther acerca da *actio romana*, a evolução da doutrina

---

[68] *Actio autem nihil aliud est quam ius persequendi in indicio quod sibi debetur.*

moderna da ação toma corpo, dando margem ao surgimento de inúmeras teorias, dentre as quais merecem destaques as seguintes:

Teoria do direito abstrato da ação de Plósz e Degenkolb (1877, 1880, 1905): a ação é um direito autônomo, não está ligada e nem decorre de qualquer outro, podendo conceber-se como abstrato. É dirigida contra o Estado.

Teoria do direito à tutela jurisdicional de Wach (1885): a ação é um direito autônomo de exigir do Estado a proteção jurídica e do adversário a submissão e somente se satisfaz com a sentença favorável. É dirigida ao adversário.

Teoria do direito potestativo de Weissmann e Chiovenda (1903): a ação é um poder, é um direito potestativo, de obter contra o réu a pretendida sentença e pressupõe uma sentença favorável de mérito. É dirigida contra o réu.

Teoria de Goldschimidt (1905): a ação é um direito subjetivo dirigido contra o Estado para obter dele a proteção jurídica mediante sentença favorável.

Teoria de Alfredo (1906) e Ugo Rocco (1917): o direito de ação é um direito público, individual e abstrato de agir, pertence à categoria dos chamados direitos cívicos.

Teoria de Carnelutti (1936): a ação é um direito abstrato, público e geral contra o Estado de obter uma sentença favorável sobre a lide deduzida em juízo.

Teoria de Couture (1942): a ação é uma espécie do direito constitucional de petição.[69]

Teoria de Luiz Eulálio de Bueno Vidigal (1962): a ação é a situação jurídica ativa na qual a justa composição do conflito de interesses prevalece sobre o interesse do réu e do autor. O titular desta situação é o Estado, a coletividade.[70]

---

[69] *Fundamentos del Derecho Processual*, De Palma, Buenos Aires, 1978, p. 77 e 78.

[70] Existe Direito de Ação?, *in Revista de Direito Processual Civil*, vol. V, p. 8 e segs.

Como se pode verificar, as doutrinas acima mencionadas, embora tenham sido as primeiras a sustentarem autonomia do direito de ação, trazem dentro de si uma influência marcante dos privatistas, pois o direito de ação depende sempre da existência do direito material que lhe sirva de suporte. Foi somente com Degenkolb e Alfredo Rocco que a autonomia se cristalizou com a conceituação da ação como direito abstrato. Como já enfatizou Marcos Afonso Borges, Membro Titular da Academia Brasileira de Letras Jurídicas e Professor Honorário da Faculdade de Direito e Ciências Sociais da Pontifícia Universidade Boliviana de Medelín, Colômbia:

"... embora tenha surgido novas teorias como a de Carnelutti que, reconhecendo que a ação é um direito abstrato, condiciona o seu exercício à obtenção de uma sentença sobre a lide deduzida em juízo, reclamando, desta forma, a ocorrência de conflito, a maioria desvincula o exercício do direito de ação à existência de um direito material. Daí poder se afirmar que a ação é um direito autônomo e subjetivo de solicitar a prestação jurisdicional. *Autônomo*, porque o seu exercício não está condicionado à existência ou à ameaça ou violação do direito material, pois, caso contrário, não se poderia conceber a improcedência do pedido, a sentença desfavorável ao autor; *público*, por constituir um direito concedido a todas as pessoas físicas e jurídicas; e *subjetivo*, porque o seu exercício depende da vontade da pessoa, constituindo destarte uma faculdade." grifo nosso (RJ 269 - Ano 47 - MAR/2000, *Doutrina*, p. 30/31 - Editora Notadez)

Ação civil: trata-se do direito ao provimento judicial, qualquer que seja a natureza deste - favorável ou desfavorável, justo ou injusto é portanto de *natureza abstrata*. E, ainda, um direito *autônomo* (que independe da existência do direito subjetivo material), é *instrumental*, porque sua finalidade é dar solução a uma pretensão de direito material. Nesse sentido, é *conexo a uma situação jurídica concreta*.

A ação penal, portanto, não difere da ação civil quanto a sua natureza, mas somente quanto ao seu conteúdo: é o direito público subjetivo a um provimento do órgão jurisdicional sobre a pretensão punitiva.

30.4. Teorias

Vários são os enfoques sobre o direito de ação. A seguir, passaremos a apontar aqueles que maior repercussão e engajamento tiveram à sua tese.

30.4.1. Teoria civilista ou imanentista

Segundo a teoria imanentista, civilista ou, também chamada escola clássica, o direito de ação emana do direito substancial. Não se diferencia a ação do direito material discutido ou o próprio direito reagindo a uma violação.

A expressão de Celso de que na doutrina romana a ação era o direito de pedir em juízo o que nos é devido, retrata a essência do pensamento dos formuladores da teoria imanentista.

Em outras palavras, ação é uma qualidade de todo o direito material ou o próprio direito reagindo a uma violação.

O Professor Moacyr Amaral dos Santos nos ensina que a ação se prende indissoluvelmente ao direito que por ela se tutela. As principais características da teoria civilista são as seguintes:

a) não há ação sem direito material;
b) não há direito material sem ação;
c) a ação segue a natureza do direito material discutido no processo.

30.4.2. Ação como direito autônomo

O estudo aprofundado das idéias de Windscheid e Muther serviu de base para a doutrina de que o direito de ação é distinto e desvinculada do material discutido no processo. Esta independência e desvinculação se verifica em função de quem exerce o direito a ação pode estar desprovido de razão ou em situação não favorável na lide, e mesmo assim mantendo tal direito.

A partir de tal afirmação surgem duas correntes relativas à ação:
a) teoria do direito concreto à tutela jurídica;
b) teoria do direito abstrato de agir.

30.4.3. Ação como direito autônomo e concreto

O direito à ação não pressupõe necessariamente o direito subjetivo material violado, caracterizando-se por isso como direito autônomo. Exemplo disto são as ações meramente declaratórias, através das quais o autor solicita uma simples declaração, que pode inclusive ser negativa.

Tal direito, porém, somente existiria quando a parte obtivesse uma sentença favorável, uma vez que, "a tutela jurídica só pode ser satisfeita através de proteção concreta". Não havendo sentença favorável, inexistiria o direito de ação.

Chiovenda seguiu esta teoria e enunciou esta doutrina do direito potestativo de agir, onde afirma ser o direito de ação "um direito de poder sem obrigação correlata – que pertence a quem tem razão contra quem não tem".

Trata-se da teoria do direito concreto à tutela jurídica, pois objetiva a atuação da vontade concreta da lei.

30.4.4. Ação como direito autônomo e abstrato

Em sentido contrário à teoria da ação como direito autônomo e concreto, criou-se a doutrina do direito de ação independente da existência do direito material invocado.

Nesta situação não deixa de haver exercício de tal direito quando o autor perde a demanda, seja justa ou injusta a sentença.

Mencionando o autor um interesse seu, protegido em abstrato pelo direito, constitui-se fato suficiente para que se exercite o direito de ação.

Baseia-se nesta referência ao interesse, em abstrato protegido, a obrigação do Estado a prestar jurisdição acolhendo ou rejeitando a pretensão. O sujeito passivo do direito de ação seria o Estado, e não a parte *ex adversa* no processo, sendo o Estado o devedor da prestação jurisdicional.

Carnelutti seguiu essa doutrina, porém, entendendo como sujeito passivo o juiz, e não o Estado.

Couture, por sua vez, entendia como simples direito de petição.

30.4.5. Teoria da ação no sentido abstrato: Betti

Betti diferencia pretensão de ação. Para este doutrinador, a pretensão consiste na afirmação de uma concreta situação de direito, abstratamente idônea, por quem dá início ao processo.

A ação seria o poder de iniciar o processo.

Diante de tais afirmações, conclui que a ação não está ligada à existência objetiva da situação de direito em questão, mas sim à afirmação da pretensão.

30.4.6. Doutrina de Liebman

Como nos ensina Ovídio Baptista da Silva, Enrico Tullio Liebman enunciou a chamada "teoria eclética" a respeito da "ação" processual.

Para Liebman, o "direito de ação" corresponde, na verdade, a um agir contra o Estado, em sua condição de titular do poder jurisdicional, sendo, portanto, o direito de ação um "direito de jurisdição", o que justifica o elo entre *ação* e *jurisdição*, inexistindo separadamente.

A jurisdição, como visto anteriormente, é inerte, somente atua quando provocada. Por sua vez, se o Estado prestou jurisdição, é porque alguém exerceu "ação", desencadeando a atividade jurisdicional.

Quanto ao início da prestação jurisdicional, Liebman afirma que esta se dá após a análise das preliminares, quando então o juiz constata estar a causa proposta de forma regular no processo e capaz de ensejar uma decisão de mérito sobre a demanda.

Acredita o doutrinador que o julgamento das questões preliminares não constitui propriamente atividade jurisdicional.

Com tais afirmações, Liebman formulou sua doutrina, posicionando-se entre os dois extremos descritos pela corrente do "direito concreto de ação" e do "direito abstrato".

Intermediando as duas linhas de pensamento, o autor define "ação como um direito subjetivo público, dirigido contra o Estado, e que corresponde ao direito reconhecido a todo o cidadão de obter uma sentença de mérito capaz de compor o conflito de interesses representado pela Lide.

O direito de ação é abstrato, no sentido que é outorgado ao litigante independente de este ter ou não razão, porém a ação somente existirá se forem observadas determinadas condições a serem analisadas antes de o magistrado examinar o mérito da questão.

Afirma Liebman que havendo falhas nas preliminares que impeçam o julgamento do mérito, a decisão que encerra tal processo não é verdadeiramente jurisdicional, e conseqüentemente, não terá existido ação.

Em sua doutrina, Liebman estabelece a distinção entre o direito de ação no plano constitucional, pelo qual o doutrinador entende o "direito de petição" que é abstrato e conferido a qualquer pessoa incondicionalmente; e o verdadeiro "direito processual de ação", também considerado abstrato (uma vez que existe, mesmo sem a presença do direito material invocado como sua causa); mas entendido como condicionado por depender da presença das "condições da ação".

Desta forma, o direito constitucional de ação apenas é relevante enquanto pressuposto do direito processual de ação.

30.4.7. A ação segundo Echandia

O professor Ernando Devis Echandia define com clareza e de forma precisa o "direito de ação" através do seguinte enunciado:

> "Accion es el derecho público civico, subjetivo, abstracto y autonomo que tiene toda persona, natural o juridica, para obtener la aplicación de la jurisdicción del Estado a un caso concreto, mediante una sentencia y a través de un proceso, cón el fin (que es de interés público general) de obtener la declaración, la realización, la satisfacción coactiva o la protección cautelar de los derechos o relaciones juridico-materiales, consagrados en le derecho objetivo, que pretende tener quien la ejercita (o la defesa de un interés colectivo, cuando se trata de una acción pública)" (*Nociones generales de derecho procesal civil*, 195).

30.4.8. Conclusão

Ação civil: Trata-se do direito ao provimento judicial, qualquer que seja a natureza deste - favorável ou desfavorável, justo ou injusto - é portanto de *natureza abstrata*. E, ainda, um direito *autônomo* (que independe da existência do direito subjetivo material), é *instrumental*, porque sua finalidade é dar solução a uma pretensão de direito material. Nesse sentido, é *conexo a uma situação jurídica concreta*.

Ação penal: portanto, não difere da ação civil quanto a sua natureza, mas somente quanto ao seu conteúdo: é o direito público subjetivo a um provimento do órgão jurisdicional sobre a pretensão punitiva. No Brasil tem predominância a idéia de que se trata de direito subjetivo, tendo por objetivo a prestação jurisdicional do Estado. A ação civil é um direito público, subjetivo e genérico ao provimento jurisdicional, independente da natureza deste, dirigido contra o Estado; autônomo em função de bastar uma referência, pelo seu titular, de um direito subjetivo material. Diz-se que é um direito instrumental, por ter como finalidade a solução de uma pretensão de direito material, ligado a uma situação jurídica concreta. No art. 5°, inciso XXXV, da Constituição Federal de 1988, encontramos o enunciado da ação como direito público, cujo conteúdo é o exercício jurisdicional, garantido constitucionalmente.

30.5. Condições da ação cível e pressupostos processuais

O processo nasce a partir do momento em que a ação solicita a prestação jurisdicional, por isto é dito instrumento da jurisdição.

Para que este processo seja válido se faz necessária a presença dos chamados pressupostos processuais.

Somente após verificar os referidos pressupostos e decidir pela invalidade ou validade do processo é que o juiz seguirá adiante. Caso considere o processo regular, passará a analisar preliminarmente as condições da ação, que se preenchidas, permitem que este passe a apreciar o mérito da pretensão.

Não sendo o processo válido, deverá ser extinto sem maiores considerações.

Assim, condições da ação são os requisitos essenciais que a ação deve preencher para que o juiz profira decisão sobre o mérito, pressupostos que devem necessariamente estar presentes para que o exercício da ação seja legítimo.

Tais condições são apreciadas antes mesmo do mérito em questão, sendo denominadas preliminares.

A decisão ou sentença de mérito é também chamada de *sentença definitiva*, porque estando presentes todos os requisitos, o juiz poderá se pronunciar sobre o pedido do autor (mérito da ação), acolhendo-o ou negando-o.

A falta de algum dos requisitos impede o julgamento do mérito. Em tal situação, o juiz concluirá sua atividade proferindo uma *sentença terminativa*, pois, ainda que tenha se esgotado a missão do juiz, não alcançou o objetivo de compor a lide.

São três as condições que sujeitam a existência da ação: legitimidade, interesse e possibilidade jurídica do pedido.

30.5.1. Legitimidade

Também denominada legitimação para agir, refere-se às partes.

O Código de Processo Civil, em seu art. 3º, enuncia que "para propor ou contestar a ação é necessário ter interesse e legitimidade".

Já o artigo 6º do Código de Processo Civil dispõe que, "ninguém poderá pleitear, em nome próprio, direito alheio, salvo quando autorizado por lei", o que significa que somente será titular da causa o titular do direito alegado.

São partes legítimas, ordinariamente, os sujeitos da lide.

Salvo casos expressos em lei (legitimação extraordinária), somente podem demandar aqueles que forem sujeitos da relação jurídica de direito material em questão (legitimidade ativa), podendo ser demandado apenas aquele que seja titular da obrigação correspondente (legitimidade passiva).

Entende-se por legitimação ordinária a da regra geral, onde está autorizado a demandar o titular da relação jurídica.

A legitimação extraordinária, ou "substituição processual", ocorre quando a lei autoriza a demandar outro que não o titular da ação (ex.: Sindicatos).

Assinalamos que a falta de legitimidade pode acarretar a extinção do processo sem o julgamento do mérito (art. 267, VI, do CPC) em decorrência da carência da ação.

30.5.2. Interesse processual

O interesse processual é a necessidade de se recorrer ao Judiciário visando a obter o resultado pretendido, independentemente da legitimidade ou legalidade da pretensão.

Para que haja o interesse, é necessário que a via jurisdicional seja indispensável para se atingir o resultado, ou seja, o interesse se configura quando de outra forma, que não a jurisdicional, a pretensão não obteria tutela.

A parte deverá demonstrar que somente através do Judiciário é que obterá a satisfação do seu direito. Em outras palavras, que é indispensável recorrer ao Judiciário.

Todavia, o direito de ação está garantido constitucional como visto acima, mas a procedência da mesma e que decorrerá do interesse processual.

Se não houver a necessidade do provimento jurisdicional, não haverá por parte do autor o interesse de agir, uma vez que esta se constitui em requisito essencial para a prolação da sentença de mérito.

Para a satisfação da necessidade, deve o autor utilizar-se do meio adequado, do caminho certo, para que a prestação obtida não seja inútil.

Portanto, além da necessidade, a adequação (o modo adequado de buscar a composição da lide) integra o interesse processual.

Normalmente, o interesse surge em função da resistência oferecida por outro à satisfação da pretensão do autor.

Verificada a ausência de tal condição da ação, no primeiro despacho o juiz indeferirá a petição inicial, observando o artigo 295, III do Código de Processo Civil, e promoverá a extinção do processo sem o julgamento do mérito, conforme o disposto no art. 267, VI, do CPC ou por provocação do réu que deverá alegar a falta de interesse na primeira oportunidade que tiver de falar nos autos (contestação) em preliminar.

30.5.3. Possibilidade jurídica do pedido

A pretensão apresentada pelo autor deve ser reconhecida em juízo, ou seja, possível juridicamente.

Tal condição refere-se à pretensão; que deve ser tutelada pelo nosso direito. É necessário que o pedido exista na ordem jurídica como possível.

Uma vez que não haja no ordenamento jurídico permissão para que se instaure a relação processual em torno de determinada pretensão, dizemos que não é possível juridicamente tal pedido.

É o caso da cobrança de dívida de jogo. O Código Civil, em seu artigo 1.477, afirma não haver obrigatoriedade para o pagamento de dívidas originárias de jogos ou apostas.

Logicamente, o ordenamento não tutela esta pretensão, não existindo possibilidade jurídica.

Sendo a possibilidade de pedido, condição da ação, sua falta, quando verificada na propositura da ação ocasionará o indeferimento da petição inicial (art. 295, parágrafo único, III, do CPC), bem como, a posterior extinção do processo sem o julgamento do mérito (art. 267, I, do CPC).

Caso a impossibilidade jurídica do pedido somente seja percebida em etapa posterior do processo, esse também será extinto sem julgamento do mérito, conforme o artigo 267, VI, do Código de Processo Civil.

A impossibilidade decorreria, por exemplo, de cobrar dívida de jogo, ou de propositura de ação de divórcio, em países onde tal instituto não é previsto.

Em princípio trata-se, nas ações penais, das mesmas condições gerais acima; mas a doutrina costuma acrescentar às genéricas outras condições que considera específicas para o processo penal e denomina condições específicas de procedibilidade (Ex.: representação e requisição do Ministro da Justiça na ação penal pública condicionada).

Também a possibilidade deverá ser suscitada pelo(s) Réu(s) na primeira oportunidade de falar nos autos e a conseqüência processual será a mesma acima deduzida em decorrência da falta de interesse.

30.5.4. As condições da ação penal

No processo penal, além das condições acima nominadas, somam-se as ditas *condições específicas de procedibilidade*. São elas:
a) representação do ofendido e requisição do Ministro da Justiça;
b) entrada do agente no território nacional;
c) autorização do Legislativo para a instauração de processo contra Presidente e Governadores, por crimes comuns; e
d) trânsito em julgado da sentença que, por motivo de erro ou impedimento, anule o casamento, no crime de induzimento a erro essencial ou ocultamento do impedimento.

30.5.5. Carência de ação cível

Quando houver ausência de qualquer uma das condições da ação, dizemos que ocorre "carência da ação", ou ainda, que o autor é carecedor de ação.

São três os momentos em que o juiz pode decretar a carência de ação:

1 - Quando do despacho inicial, se for evidente desde logo, a impossibilidade jurídica do pedido, a falta de interesse processual ou a ilegitimidade da parte, o juiz deverá rejeitar a petição inicial (art. 295, II e III, e parágrafo único, III);

2 - Na fase de saneamento, que se dá após a resposta do réu, quando o juiz irá examinar os pressupostos processuais. Verificada a carência de ação, este poderá extinguir o processo (art. 329 c/c art. 267, VI);

3 - Quando do momento de proferir a sentença final, se a ausência de alguma das condições se verificar.

Não detectando o juiz o fato, deverá a parte alegá-lo na primeira oportunidade em que falar nos autos. A matéria é daquelas que pode ser proclamada em qualquer tempo ou grau de jurisdição.

Reconhecida a carência de ação no processo cível, o juiz extinguirá o processo sem o julgamento do mérito, conforme o art. 267, VI, do CPC, valendo também para os processos trabalhistas e penais, apenas mudando o fundamento legal.

30.6. Elementos identificadores da ação cível

Como ensina Moacyr Amaral dos Santos, a ação se individualiza e se identifica por seus elementos.

São elementos identificadores da ação: as partes (sujeitos da lide), o pedido (objeto da ação) e a causa de pedir (fundamentos da pretensão).

Sendo a ação o direito de pedir ao Estado a prestação jurisdicional para um caso específico, seus elementos devem ser entendidos em conexão com a lide.

Em outras palavras, os elementos da ação devem corresponder aos elementos da pretensão.

Toda a ação possui pelo menos um sujeito ativo, um sujeito passivo, a pretensão sobre a qual se pede a tutela do Estado e as causas que levaram a este conflito de interesses.

30.6.1. Partes

O titular de um interesse em conflito com o interesse de outrem é possuidor do direito de ação, sendo denominado parte.

A lide a ser composta possui dois sujeitos, representando o pólo ativo da ação (autor) e o pólo passivo (réu).

Via de regra, cada parte corresponde a uma pessoa, mas podem ocorrer ações onde existam vários réus (litisconsórcio passivo) ou vários autores (litisconsórcio ativo).

Tais elementos nos permitem identificar cada ação e diferenciá-la de outras, possibilitando determinar a existência de um vínculo entre duas ou mais ações, ou se a mesma ação já não foi proposta e decidida anteriormente, ou ainda se não estará tramitando ao mesmo tempo.

30.6.2. Pedido

O pedido é o objeto da ação. Este pode ser imediato ou mediato.

Por pedido imediato entende-se a providência jurisdicional solicitada, que pode ser uma sentença condenatória, declaratória, constitutiva ou ainda providência executiva (como veremos a seguir).

O pedido mediato é a utilidade que se busca com a sentença, ou a providência jurisdicional desejada. Pode ser um bem material ou imaterial.

Nas palavras de Sérgio Bermudes, "o pedido é o mérito da ação. Decidir o pedido, acolhendo-o ou o rejeitando, é julgar o mérito." Cumpre destacar que ao juiz é vedado se pronunciar sobre o que o autor podia pedir mas não pediu, pois os pedidos não podem ser interpretados extensivamente.

O art. 293 do CPC, em sua primeira parte, enuncia que os pedidos são interpretados restritivamente.

Como regra de interpretação, o presente artigo proíbe ao juiz a interpretação extensiva, ampliativa ou analógica. A decisão deve ser proferida sobre o que efetivamente foi requerido, uma vez que a sentença se constitui em resposta ao pedido. Ainda quanto ao pedido, deve-se observar o *"princípio da substanciação do pedido"*, em função do qual é obrigação do autor enunciar as razões deste, pois não basta requerer, é preciso explicar por que se pede.

É possível que o autor formule contra o réu dois ou mais pedidos, o que consiste na cumulação de pedidos.

Visando a economia processual o CPC em seu art. 292 "permite a cumulação, num único processo, contra o mesmo réu, de vários pedidos, ainda que entre eles não haja conexão".

Para que a cumulação seja possível, os três requisitos seguintes devem estar presentes simultaneamente no caso concreto:

a) Os pedidos devem ser compatíveis entre si, ou seja, juridicamente conciliáveis, que podem coexistir.

b) O juiz do processo deve ser competente, objetiva, funcional e territorialmente para julgar todos eles.

A regra diz que todos os pedidos devem se submeter a um mesmo procedimento.

O § 2º do artigo 292 apresenta a exceção ao requisito anterior. Permite, em tese, a cumulação de pedidos que exigem procedimentos diversos desde que se empregue o procedimento ordinário.

Considerando que cada pedido corresponde a uma ação, podemos dizer que ocorre a cumulação de ações. A cumulação de pedidos ou de ações não se confunde com outro fenômeno denominado *concurso de ações*. O concurso de ações possibilita que se deduzam pedidos diferentes para a satisfação da mesma pretensão, devendo o autor optar por um deles. Ainda no que se refere ao pedido, observadas as condições previstas nos artigos 264[71] e parágrafo único e 294 do CPC,[72] a lei permite a transformação do pedido. Modificar o pedido significa pedir a mesma prestação, mas efetivada de outro modo. Alterar o pedido corresponde a fazer outro, no lugar do primeiro. Aditar o pedido eqüivale a acrescentar-lhe outro.

30.6.3. Causa de pedir

Como ressalta Moacyr Amaral dos Santos, deve-se observar que na petição inicial é necessário que se exponha os fundamentos jurídicos da ação (causa próxima), e também o fato gerador do direito (causa remota).

A causa de pedir deve ser correspondente ao pedido.

O Código de Processo Civil, em seu art. 282, III, preceitua a necessidade de exposição da causa de pedir na petição inicial, onde deverão ser enunciados os fatos e os fundamentos jurídicos do mesmo.

Não basta simplesmente o autor expor os fatos, é fundamental apresentar as conseqüências jurídicas que ele atribui a esses fatos.Essa exigência legal visa possibilitar o contraditório, previsto constitucionalmente no art. 5º, LV, da Constituição Federal.

Cumpre esclarecer que o juiz não se obriga com a causa de pedir, podendo acolher ou não o pedido. Não é a causa de pedir que limita o juiz, e sim o pedido.

---

[71] Art. 264. Feita a citação, é defeso ao autor modificar o pedido ou a causa de pedir, sem o consentimento do réu, mantendo-se as mesmas partes, salvo as substituições permitidas em lei.
Parágrafo único. A alteração do pedido ou da causa de pedir em nenhuma hipótese será permitida após o saneamento do processo.

[72] Art. 294. Antes da citação, o autor poderá aditar o pedido, correndo à sua conta as custas em razão dessa iniciativa.

30.7. Classificação das ações cíveis

Através dos ensinamentos do Professor Pinto Ferreira, observamos que existem duas formas de classificar as ações: uma tradicional e a outra mais atual.

A classificação tradicional é a que encontramos tanto na prática forense quanto na doutrina civilística. Esta baseia-se nas pretensões, vinculadas a um direito substancial. A classificação das ações de acordo com a pretensão não ocorre no processo penal, uma vez que a pretensão é sempre a mesma, ou seja, a punição. Entre outros exemplos estão as ações patrimoniais (pessoais ou reais) em contraposição às prejudiciais, as ações imobiliárias opostas às mobiliárias.

Outra classificação, também comum, na prática forense e na doutrina, divide as ações em ordinárias, sumárias e ainda em ações comuns.

Atualmente a classificação das ações é feita segundo o pedido de provimento; em outras palavras, as ações se diferenciam em função da diferença de provimento solicitado.

30.7.1. Ações de conhecimento

É através das ações de conhecimento que o autor busca junto ao juiz solução para sua lide. Este solicita ao magistrado que obrigue o réu a atender sua pretensão, deduzida na inicial, por meio de uma sentença definitiva.

Tal ação é assim denominada por ser através dela que o juiz conhecerá todo litígio.

A veiculação da ação de conhecimento se dá mediante o processo de conhecimento, também chamado processo de declaração, pois após conhecer da lide, o juiz declara a existência da relação jurídica entre as partes, prolatando para isso a sentença. As ações de conhecimento englobam:
- Ações declaratórias, ou meramente declaratórias;
- Ações constitutivas e
- Ações condenatórias.

30.7.2. Ações declaratórias ou meramente declaratórias

As ações declaratórias visam a obter a declaração de existência ou inexistência de uma relação jurídica, ou ainda, da autenticidade ou falsidade de um documento.

Esta espécie de ação é proposta quando existe a incerteza a respeito de determinada relação, bem como a necessidade de que esta deixe de ser incerta.

Diante de uma sentença favorável, a parte interessada deverá promover uma ação condenatória caso queira fazer valer o seu direito fundamentado na ação declaratória.

Uma vez que tal ação não visa a obter condenação, mas somente a declaração, ela é imprescritível.

Tal ação também tem por objetivo prevenir futuros litígios, e a sentença prolatada não possui efeito compulsório ou executório.

30.7.3. Ações constitutivas

As ações constitutivas têm por objetivo criar, alterar ou extinguir uma relação jurídica material.

Nas palavras de Moacyr Amaral Santos, "por via das ações constitutivas se propõe a verificação e declaração da existência das condições segundo as quais a lei permite a modificação de uma relação ou situação jurídica e, em conseqüência dessa declaração, a criação, modificação ou extinção de uma relação ou situação jurídica."

Para que isso ocorra, é necessário que em primeiro lugar a sentença declare a ocorrência das condições legais que autorizam a criação, alteração ou modificação da relação ou situação jurídica.

30.7.4. Ações condenatórias

Tais ações têm a finalidade de conceder ao autor um título executivo, o qual fundamentará a condenação do réu, caso este não cumpra voluntariamente a obrigação. Sendo a mais comum das ações de conhecimento, as ações condenatórias visam a impor ao réu a sanção legal, após declarada a existência da relação ou situação jurídica pelo magistrado.

A sentença prolatada quando de uma ação condenatória terá por objetivo "condenar" o réu a satisfazer uma pretensão que quando não cumprida o sujeitará a ser executado pelo autor mediante uma ação de execução.

30.7.5. Ações cautelares

Quando diante de perigo por eventual demora de uma providência principal, utilizamos as ações cautelares, cujo objetivo é alcançar providências urgentes e provisórias, visando a assegurar os efeitos da referida providência.

Tal ação é veiculada por meio do processo cautelar, também chamado de preventivo, no qual o juiz verificará apenas a presença dos dois elementos essenciais para se caracterizar o expediente: o *fummus boni juris* e o *periculum in mora*. O *fummus boni juris* diz respeito ao fato de a pretensão enunciada na ação principal ter possibilidade de sucesso. O *periculum in mora*, verifica se há fundamento para o receio de que antes do julgamento da lide, a outra parte venha a causar ao direito em questão lesão grave ou de difícil reparação.

Estando presentes estes dois elementos essenciais, será proferida decisão visando a resguardar o dano, ficando esta decisão subordinada à decisão proferida quando do processo principal.

30.7.6. Ações mandamentais

Segundo Goldschmidt, "as ações mandamentais têm por objeto conseguir ou obter mandado dirigido a outro órgão do estado, através de sentença judicial". O provimento, neste tipo de ação, se resume em uma ordem a alguém ou a uma autoridade, para fazer ou deixar de fazer alguma coisa. Como comenta o Professor José Antônio Pancotti, no Brasil, somente Pontes de Miranda, Silva Pacheco e Ovídio Baptista da Silva consentem na de ação de conhecimento. Muitos doutrinadores estrangeiros e alguns brasileiros afirmam não haver razão para este tipo de ação.

30.7.7. Ações executivas

As ações executivas se verificam contra devedores solventes, ou insolventes; são as ações para entrega de coisa certa, ações de execução de obrigação de fazer, e as demais delimitadas nos artigos do Livro II do CPC.

Tais ações objetivam a satisfação do direito consubstanciado em título executivo (judicial ou extrajudicial), em que se baseiam.

Resumidamente, a classificação das ações de acordo com o provimento seria a seguinte:

30.8. Outras classificações de ações cíveis

Ainda de acordo com o provimento solicitado teremos as chamadas:
a) ações cominatórias;
b) ações monitórias.

30.8.1. Ações cominatórias

As ações cominatórias são ações de conhecimento, de caráter condenatório, através das quais o autor pede ao juiz que condene o réu a privar-se de praticar deter-

minado ato, a aceitar alguma atividade, ou a prestar fato que não possa ser realizado por terceiro.
Conforme o art. 287 do CPC, na petição inicial constará pedido de comunicação de sentença, prevendo a situação de descumprimento da sentença.
Também são objetos de pedido cominatório as obrigações de fazer infungíveis.
Segundo a jurisprudência, na ação cominatória é irrelevante que não conste da inicial a cominação de pena pecuniária, uma vez que cabe ao juiz fixá-las, caso julgue a ação procedente.

30.8.2. Ações monitórias

As ações monitórias estão incluídas nas ações de procedimentos especiais, encontradas nos artigos 1102 e seguintes do CPC.Tal espécie de ação visa a abreviar a formação do título executivo, partindo do pressuposto de que há créditos, sem suporte em título executivo, que não justificam o moroso e caro procedimento de cognição, prevendo a impossibilidade de o devedor se defender de maneira a suprimir a pretensão do autor.

30.9. Classificação das ações cíveis no Direito Romano

No Direito Romano as ações classificam-se em:
Ações reais (direitos reais);
Ações pessoais (direitos obrigacionais);
Ações prejudiciais (direito de família).
Há uma nítida separação das ações reais e pessoais. A ação real é dirigida sobre a coisa (*in rem*). A outra classificação diz respeito às ações prejudiciais, ou seja, aquelas que não tinham por objetivo uma condenação, mas visavam a uma declaração (*judicium*) de existência de uma relação jurídica ou de um fato.
Partindo deste conceito inicial chegou-se à seguinte classificação:

Ações pessoais (provenientes das obrigações);
Ações reais (abrangendo todas as outras, inclusive as prejudiciais).
Finalmente no direito atual, dividiram-se as ações em três grupos:
Ações reais;
Ações pessoais;
Ações relativas à família.
Segundo o art. 674 do Código Civil, são reais as ações cuja base consiste num direito real, podendo ser ações reais mobiliárias ou ações reais imobiliárias.

30.10. Cumulação objetiva e subjetiva de ações

É possível que num mesmo processo se cumulem duas ou mais ações.

Cumulação objetiva: diz-se que a acumulação é objetiva quando o autor formula contra o réu duas ou mais pretensões.São exemplos a ação de reconhecimento de paternidade cumulada com pedido de alimentos; ou ainda, a ação de indenização por perdas e danos, cumulada com lucros cessantes. Tal instituto fundamenta-se no princípio da economia processual, pois visa ao dispêndio econômico; objetiva também, evitar decisões contraditórias.

A cumulação pode ser de três espécies:

Simples: quando se cumulam vários pedidos independentes, como por exemplo, diversas ações de cobrança.

Sucessiva: quando houver relação de dependência entre os pedidos, onde a decisão do segundo dependa do primeiro, ou seja, quando o juiz só puder conhecer o pedido posterior, se acolhido o anterior. É o que se verifica na ação por indenização cumulada com lucros cessantes.

Eventual ou Subsidiária: se dá quando, na acumulação, um pedido substitui o outro. São os pedidos alternativos, onde um não podendo ser atendido, passa-se ao exame do segundo. A cumulação de ações se caracteriza por ser a reunião de duas ou mais pretensões do autor em uma só ação, enquanto a cumulação de processos é o apensamento de vários feitos originalmente distintos ou aforados de modo autônomo. Para que se admita a cumulação, num único processo, contra o mesmo réu, de vários pedidos, independente de serem conexos ou não, existem três requisitos que devem ser observados:

Compatibilidade entre os pedidos: os pedidos presentes no mesmo processo devem ser compatíveis entre si. Por exemplo: investigação de paternidade cumulada com alimentos.

Competência de juízo: os pedidos devem ser de competência de um mesmo juízo. Como no exemplo apresentado pelo professor Pinto Ferreira, "na hipótese, uma pessoa que tenha direito a indenização por perdas e danos por causa de ato ilícito provocado por patrão não pode cumular os dois pedidos, pois um é de competência da justiça comum e outro da Justiça do Trabalho".

Tipos de procedimento: para todos os pedidos, deve ser adequado o mesmo tipo de procedimento. Sendo determinados para alguns pedidos o procedimento ordinário e para outros o procedimento sumário, não é possível a cumulação.A exceção consiste em lei admitir a cumulação na condição de o autor concordar com a aplicação do procedimento ordinário para todos os pedidos.

São duas espécies de cumulação de pedidos:

Cumulação Objetiva: ocorre quando se reúnem pedidos de um só autor contra um só réu. Tal cumulação está prevista no art. 292 do Código de Processo Civil.

Cumulação Subjetiva: também denominada litisconsórcio a cumulação subjetiva caracteriza por num só processo, com sujeitos diversos, os litígios se reúnem.É possível que duas espécies se combinem gerando a cumulação litisconsorcial e objetiva.

Para que isto se verifique é necessário que sejam diversos os autores, ou os réus, ou ambas as partes e que todos figurem como sujeitos de diversas lides objetivamente cumuladas.

Súmulas que auxiliam no entendimento dos conteúdos expostos

Súmulas do Superior Tribunal de Justiça

Súmula 3: "Compete ao Tribunal Regional Federal dirimir conflito de competência verificado, na respectiva Região, entre Juiz Federal e Juiz Estadual investido de jurisdição federal".

Súmula 6: "Compete à Justiça Comum Estadual processar e julgar delito decorrente de acidente de trânsito envolvendo viatura de Polícia Militar, salvo se autor e vítima forem policiais militares em situação de atividade".

Súmula 7: "A pretensão de simples reexame de prova não enseja recurso especial".

Súmula 9: "A exigência da prisão provisória, para apelar, não ofende a garantia constitucional da presunção de inocência".

Súmula 13: "A divergência entre julgados do mesmo Tribunal não enseja recurso especial."

Súmula 18: "A sentença concessiva do perdão judicial é declaratória da extinção da punibilidade, não subsistindo qualquer efeito condenatório."

Súmula 21: "Pronunciado o réu, fica superada a alegação do constrangimento ilegal da prisão por excesso de prazo na instrução".

Súmula 22: "Não há conflito de competência entre o Tribunal de Justiça e o Tribunal de Alçada do mesmo Estado-membro".

Súmula 33: "A incompetência relativa não pode ser declarada de ofício".

Súmula 37: "São cumuláveis as indenizações por dano material e dano moral oriundos do mesmo fato".

Súmula 38: "Compete à Justiça Estadual Comum, na vigência da Constituição de 1988, o processo por contravenção penal, ainda que praticada em detrimento de bens, serviços ou interesses da União ou de suas entidades".

Súmula 42: "Compete à Justiça Comum Estadual processar e julgar as causas cíveis em que é parte sociedade de economia mista e os crimes praticados em seu detrimento".

Súmula 47: "Compete à Justiça Militar processar e julgar crime cometido por militar contra civil, com emprego de arma pertencente à corporação, mesmo não estando em serviço".

Súmula 48: "Compete ao juízo do local da obtenção da vantagem ilícita processar e julgar crime de estelionato cometido mediante falsificação de cheque".

Súmula 53: "Compete à Justiça Comum Estadual processar e julgar civil acusado de prática de crime contra instituições militares estaduais".

Súmula 59: "Não há conflito de competência se já existe sentença com trânsito em julgado, proferida por um dos juízos conflitantes".

Súmula 62: "Compete à Justiça Estadual processar e julgar o crime de falsa anotação na Carteira de Trabalho e Previdência Social, atribuído à empresa privada".

Súmula 73: "A utilização de papel-moeda grosseiramente falsificado configura, em tese, o crime de estelionato, da competência da Justiça Estadual".

Súmula 74: "Para efeitos penais, o reconhecimento da menoridade do réu requer prova por documento hábil".

Súmula 75: "Compete à Justiça Comum Estadual processar e julgar o policial militar por crime de prover ou facilitar a fuga de preso de estabelecimento penal".

Súmula 78: "Compete à Justiça Militar processar e julgar policial de corporação estadual, ainda que o delito tenha sido praticado em outra unidade federativa".

Súmula 86: "Cabe recurso especial contra acórdão proferido no julgamento de agravo de instrumento".

Súmula 90: "Compete à Justiça Estadual Militar processar e julgar o policial militar pela prática de crime militar, e à Comum pela prática do crime comum simultâneo àquele".

Súmula 104: "Compete à Justiça Estadual o processo e julgamento dos crimes de falsificação e uso de documento falso relativo a estabelecimento particular de ensino".

Súmula 107: "Compete à Justiça Comum Estadual processar e julgar crime de estelionato praticado mediante falsificação das guias de recolhimento das contribuições previdenciárias, quando não ocorre lesão à autarquia federal".

Súmula 122: "Compete à Justiça Federal o processo e julgamento unificado dos crimes conexos de competência federal e estadual, não se aplicando a regra do art. 78, II, a, do Código Penal".

Súmula 140: "Compete à Justiça Comum Estadual processar e julgar crime em que o indígena figure como autor ou vítima".

Súmula 147: "Compete à Justiça Federal processar e julgar os crimes praticados contra funcionário público federal, quando relacionados com o exercício da função".

Súmula 151: "A competência para o processo e julgamento por crime de contrabando ou descaminho define-se pela prevenção do Juízo Federal do lugar da apreensão dos bens".

Súmula 165: "Compete à Justiça Federal processar e julgar crime de falso testemunho cometido no processo trabalhista".

Súmula 172: "Compete à Justiça Comum processar e julgar militar por crime de abuso de autoridade, ainda que praticado em serviço".

Súmula 208: "Compete à Justiça Federal processar e julgar prefeito municipal por desvio de verba, sujeito a prestação de contas perante órgão federal".

Súmula 209: "Compete à Justiça Estadual processar e julgar prefeito por desvio de verba transferida e incorporada ao patrimônio municipal".

Súmula 218: "Compete à Justiça dos Estados processar e julgar ação de servidor estadual decorrente de direitos e vantagens estatutárias no exercício de cargo em comissão."

Súmula 222: "Compete à Justiça Comum processar e julgar as ações relativas à contribuição sindical prevista no art. 578 da CLT".

Súmula 224: "Excluído do feito ente federal, cuja presença levara o Juiz Estadual a declinar da competência, deve o Juiz Federal restituir os autos e não suscitar conflito".

Súmula 225: "Compete ao Tribunal Regional do Trabalho apreciar recurso contra sentença proferida por órgão de primeiro grau da Justiça Trabalhista, ainda que para declarar-lhe a nulidade em virtude de incompetência".

Súmula 226: "O Ministério Público tem legitimidade para recorrer na ação de acidente do trabalho, ainda que o segurado esteja assistido por advogado".

Súmula 235: "A conexão não determina a reunião de processos, se um deles já foi julgado".

Súmula 236: "Não compete ao Superior Tribunal de Justiça dirimir conflitos de competência entre juízos trabalhistas vinculados a Tribunais Regionais do Trabalho diversos".

Súmula 240: "A extinção do processo, por abandono de causa pelo autor, depende de requerimento do réu".

Súmula 242: "Cabe ação declaratória para reconhecimento de tempo de serviço para fins previdenciários".

Súmula 244: "Compete ao foro local da recusa processar e julgar o crime de estelionato mediante cheque sem provisão de fundos".

Súmula 249: "A Caixa Econômica Federal tem legitimidade passiva para integrar processo em que se discute correção monetária do FGTS".

Súmula 259: "A ação de prestação de contas pode ser proposta pelo titular de conta-corrente bancária".

Súmula 268: "O fiador que não integrou a relação processual na ação de despejo não responde pela execução do julgado".

Súmula 270: "O protesto pela preferência de crédito, apresentado por ente federal em execução que tramita na Justiça Estadual, não desloca a competência para a Justiça Federal".

Súmulas do Supremo Tribunal Federal

Súmula 3: "A imunidade concedida a deputados estaduais é restrita à Justiça do Estado".

Súmula 4: "Não perde a imunidade parlamentar o congressista nomeado Ministro de Estado".

Súmula 146: "A prescrição da ação penal regula-se pela pena concretizada na sentença, quando há não recurso da acusação".

Súmula 147: "A prescrição de crime falimentar começa a correr da data em que deveria estar encerrada a falência, ou do trânsito em julgado da sentença que a encerrar ou que julgar cumprida a concordata".

Súmula 155: "É relativa a nulidade do processo criminal por falta de intimação da expedição de precatória para inquirição de testemunha".

Súmula 156: "É absoluta a nulidade do julgamento, pelo júri, por falta de quesito obrigatório".

Súmula 160: "É nula a decisão do tribunal que acolhe, contra o réu, nulidade não argüida no recurso da acusação, ressalvados os casos de recurso de ofício".

Súmula 162: "É absoluta a nulidade do julgamento pelo júri, quando os quesitos da defesa não precedem aos das circunstâncias agravantes".

Súmula 206: "É nulo o julgamento ulterior pelo júri com a participação de jurado que funcionou em julgamento anterior do mesmo processo".

Súmula 208: "O assistente do Ministério Público não pode recorrer, extraordinariamente, de decisão concessiva de *habeas corpus*".

Súmula 210: "O assistente do Ministério Público pode recorrer, inclusive extraordinariamente, na ação penal, nos casos dos arts. 584, § 1º, e 598 do Código de Processo Penal".

Súmula 245: "A imunidade parlamentar não se estende ao co-réu sem essa prerrogativa".

Súmula 301: "Por crime de responsabilidade, o procedimento penal contra prefeito municipal fica condicionado ao seu afastamento do cargo por *impeachment*, ou à cessação do exercício por outro motivo".

Súmula 344: "Sentença de primeira instância, concessiva de *habeas corpus*, em caso de crime praticado em detrimento de bens, serviços ou interesses da União, está sujeita a recurso *ex officio*".

Súmula 351: "É nula a citação por edital de réu preso na mesma unidade da Federação em que o juiz exerce a sua jurisdição".

Súmula 352: "Não é nulo o processo por falta de nomeação de curador ao réu menor que teve a assistência de defensor dativo".

Súmula 366: "Não é nula a citação por edital que indica o dispositivo da lei penal, embora não transcreva a denúncia ou queixa, ou não resuma os fatos em que se baseia".

Súmula 388: "O casamento da ofendida com quem não seja o ofensor faz cessar a qualidade do seu representante legal, e a ação penal só pode prosseguir por iniciativa da própria ofendida, observados os prazos legais de decadência e perempção".

Súmula 394: "Cometido o crime durante o exercício funcional, prevalece a competência especial por prerrogativa de função, ainda que o inquérito ou a ação penal sejam iniciados após a cessação daquele exercício".

Súmula 395: "Não se conhece do recurso de *habeas corpus* cujo objeto seja resolver sobre o ônus das custas, por não estar mais em causa a liberdade de locomoção".

Súmula 396: "Para a ação penal por ofensa à honra, sendo admissível a exceção da verdade quanto ao desempenho da função pública, prevalece a competência especial por prerrogativa de função, ainda que já tenha cessado o exercício funcional do ofendido".

Súmula 423: "Não transita em julgado a sentença por haver omitido o recurso *ex officio*, que se considera interposto *ex lege*".

Súmula 431: "É nulo o julgamento de recurso criminal na segunda instância, sem prévia intimação, ou publicação da pauta, salvo em *habeas corpus*".

Súmula 448: "O prazo para o assistente recorrer, supletivamente, começa a correr imediatamente após o transcurso do prazo do Ministério Público".

Súmula 451: "A competência especial por prerrogativa de função não se estende ao crime cometido após a cessação definitiva do exercício funcional".

Súmula 453: "Não se aplicam à segunda instância o art. 384 e parágrafo único do Código de Processo Penal, que possibilitam dar nova definição jurídica ao fato delituoso, em virtude de circunstância elementar não contida explícita ou implicitamente na denúncia ou queixa".

Súmula 497: "Quando se tratar de crime continuado, a prescrição regula-se pela pena imposta na sentença, não se computando o acréscimo decorrente da continuação".

Súmula 498: "Compete à Justiça dos Estados, em ambas as instâncias, o processo e o julgamento dos crimes contra a economia popular".

Súmula 521: "O foro competente para o processo e julgamento dos crimes de estelionato, sob a modalidade da emissão dolosa de cheque sem provisão de fundos, é o do local onde se deu a recusa do pagamento pelo sacado".

Súmula 522: "Salvo ocorrência de tráfico para o Exterior, quando, então, a competência será da Justiça Federal, compete à Justiça dos Estados o processo e julgamento dos crimes relativos a entorpecentes".

Súmula 523: "No processo penal, a falta de defesa constitui nulidade absoluta, mas a sua deficiência só o anulará se houver prova de prejuízo para o réu".

Súmula 524: "Arquivado o inquérito policial, por despacho do juiz, a requerimento do promotor de justiça, não pode a ação penal ser iniciada sem novas provas".

Súmula 555: "É competente o Tribunal de Justiça para julgar conflito de jurisdição entre Juiz de Direito do Estado e a Justiça Militar Local".

Súmula 564: "A ausência de fundamentação do despacho de recebimento de denúncia por crime falimentar enseja nulidade processual, salvo se já houver sentença condenatória".

Súmula 568: "A identificação criminal não constitui constrangimento ilegal, ainda que o indiciado já tenha sido identificado civilmente".

Súmula 592: "Nos crimes falimentares aplicam-se as causas interruptivas da prescrição previstas no Código Penal".

Súmula 594: "Os direitos de queixa e de representação podem ser exercidos, independentemente, pelo ofendido ou por seu representante legal".

Súmula 603: "A competência para p processo e julgamento de latrocínio é do juiz singular e não do Tribunal do Júri".

Súmula 608: "No crime de estupro, praticado mediante violência real, a ação penal é pública incondicionada".

Súmula 609: "É pública incondicionada a ação penal por crime de sonegação fiscal".

Súmula 610: "Há crime de latrocínio, quando o homicídio se consuma, ainda que não realize o agente a subtração de bens da vítima".

Súmula 611: "Transitada em julgado a sentença condenatória, compete ao juízo das execuções a aplicação da lei mais benigna".

Uniformização da linguagem

Da Autotutela ao Processo:

Autodefesa ou Autotutela: o conflito de interesses era dirimido por um dos litigantes que impunha seu interesse ao outro (justiça pelas próprias mãos).

Autocomposição: os antagonistas limitam seu interesse, inclusive renunciando a ele. Ou então, se compõe transigindo, temendo um a força do outro. Alcançam, desta forma, uma solução contratual. Ou ainda, temendo-se reciprocamente, incumbem a um terceiro a tarefa de desatar o dissídio. É a solução arbitral.

Todas estas formas se encontram reguladas pelo nosso direito civil.

Processo: o arbitramento inicialmente era facultativo. Depois, tornou-se obrigatório, dando origem a um sistema de justiça privada legal.

O Estado procurou tornar efetiva a ordem jurídica, prevenindo e dirimindo os conflitos de interesses. O Estado o faz, monopolisticamente, prometendo a todos a tutela jurisdicional, sempre que lhe for solicitada. Tal intervenção se dá por meio do processo.

No momento em que o estado proibiu ao cidadão o uso da força, tornou-se obrigado a proporcionar a este cidadão um meio para que efetivasse a realização do seu direito.

Direito Objetivo: conjunto de comandos jurídicos (preceitos sancionadores) cuja finalidade é garantir, dentro de um grupo social (Estado) a paz ameaçada pelo conflito de interesses entre seus membros.

Direito Subjetivo: delimitação do âmbito em que será exercida, legitimamente, a faculdade de agir de cada um.

Direito Processual: é o complexo de princípios e normas que regulam o processo.

Relação Jurídica: conflito de interesses regulada pela norma.

Pretensão: é exercida quando alguém exige a subordinação do interesse de outro ao seu próprio interesse. Tem fundamento quando a norma jurídica estabelece a prevalência do interesse que é o conteúdo da pretensão. A um direito corresponde um dever; a uma pretensão, uma obrigação.

Lide: é um conflito de interesses qualificado por uma pretensão resistida ou insatisfeita (Conceito de Carnelutti).

O conflito de interesses é o elemento material da lide; a pretensão e a resistência ou a insatisfação, seu elemento formal.

Processo: em sentido amplo, é um meio de dirimir conflitos de interesses. Trata-se de uma relação jurídica entre partes, tendo por objetivo a composição de um litígio.

Procedimento: o processo se desenvolve no tempo, através de uma sucessão de atos. Chamamos de procedimento a marcha de tais atos, coordenados sob formas e ritos, para que atinjam os fins compositivos do processo. Em outras palavras, procedimento é a forma como os atos processuais se desenvolvem.

Rito: conjunto de formalidades ou de regras instituídas para que sirvam de forma ou de modelo à execução de um ato ou de uma diligência.

Relação Processual: o vínculo que se estabelece no processo entre as partes litigantes e o juiz chama-se relação jurídico processual.

Instância: a relação jurídico-processual se desenvolve progressivamente. Tal relação em movimento, fluindo no tempo, denomina-se instância.

O processo começa em primeira instância e pode, ou não (se a parte vencida recorrer ou não), ser encaminhada para nova apreciação pelo Tribunal de Segunda instância e assim sucessivamente. Cumpre destacar que dependendo da matéria e da função desenvolvida pelas partes o processo pode ter sua primeira instância perante um Tribunal como será explicado ao longo do livro no capítulo relativo à competência.

Vocabulário jurídico

Ação Popular: seu objetivo é a proteção do patrimônio público, histórico e cultural, do meio ambiente e da moralidade administrativa diante de um ato lesivo, imoral ou ilegal. Pode ser impetrado por qualquer cidadão brasileiro.

Ação Civil Pública: é mais ampla que a ação popular, pois além do patrimônio público ou social, também pode ser acionada para proteger outros direitos coletivos ou difusos. Pode ser proposta pelo Ministério Público ou associações juridicamente constituídas, como partidos com representantes no Congresso e entidades de classe.

Acórdão: designação dos julgamentos proferidos por tribunal, nos feitos de sua competência originária ou recursal, por um dos seus órgãos colegiados. Cada vez mais a lei delega ao relator poderes para julgar isoladamente, mas tais atos não são acórdãos, e, sim, decisões.

Ação Direta de Inconstitucionalidade: é um instrumento de proteção da própria Constituição e da legalidade. Pode ser usada diante da omissão do legislador sobre determinado assunto, ou quando uma lei é editada sem que sua elaboração tenha cumprido as formalidades previstas na Constituição ou elaborada de modo a ferir preceitos constitucionais. Pode ser acionada pelo presidente, pela mesa do Senado e da Câmara, pelos partidos com representação no Congresso, pela

Ordem dos Advogados do Brasil (OAB), entidades sindicais e de classe nacionais com mais de um ano de existência legal.

Agravo: recurso contra decisão interlocutória ou contra despacho de juiz ou membro de tribunal agindo singularmente.

Agravo de Instrumento: recurso cabível para o Tribunal tanto das decisões interlocutórias propriamente ditas, quanto de despacho de juízes de 1º grau que causem gravame à parte, a terceiro ou ao Ministério Público. Cabe ainda dos despachos que negam a remessa do Recurso(eis que o Recurso *normalmente* é interposto perante o Juiz ou Tribunal a quem se ataca com o recurso) ao órgão que seria competente para apreciá-los.

Agravo Regimental: espécie de recurso disciplinado no regimento do tribunal que o adota, daí a denominação. Consiste no comumente chamado "agravinho".

No Tribunal de Justiça do Rio Grande do Sul caberá agravo regimental no prazo de cinco dias de decisão do presidente, dos vice-presidentes ou do relator, que causar prejuízo ao direito da parte. A petição de agravo regimental será submetida ao prolator da decisão, que poderá reconsiderá-la ou submeter o agravo a julgamento do órgão competente, computando-se também seu voto. Somente quando o recurso for a Órgão Especial, o presidente, como relator, participará do julgamento. Nos demais casos de decisão do presidente, será sorteado o relator. A interposição do agravo regimental não terá efeito suspensivo. Controverte-se a possibilidades de o regimento do Tribunal criar recursos, pois, em princípio, só a lei poderá fazê-lo.

Agravo Retido: recurso de decisão interlocutória que, a requerimento do agravante, fica retido nos autos, a fim de que dele conheça o tribunal, preliminarmente, por ocasião do julgamento da apelação.

Apelação: recurso de decisão proferida por um Juiz que extingue o processo com ou sem o julgamento do mérito, afim de submeter ao grau superior o reexame de todas as questões suscitadas na causa e nos limites do próprio recurso.

Apelação Cível: é o recurso que se interpõe de decisão terminativa ou definitiva de primeira instância, para instância imediatamente superior, a fim de pleitear a reforma, total ou parcial, de sentença de natureza cível com a qual a parte não se conformou.

Apelação Criminal: recurso interposto pela parte que se julga prejudicada, contra a sentença definitiva de condenação ou absolvição em matéria de natureza criminal.

Apelante: quem interpõe a apelação.

Apelado: a parte que figura como recorrida na apelação.

Audiência: reunião solene, presidida pelo juiz, para a realização de atos processuais em busca da verdade, podendo elas serem de tentativa de conciliação, de instrução e/ou de julgamento(quando é proferida decisão - sentença).

Autos: conjunto ordenado das peças de um processo judicial ordenados cronologicamente, numerados e rubricados pelo Escrivão.

Coisa Julgada Formal: imutabilidade dos atos realizados em determinado procedimento. Independe do julgamento do mérito, ou seja, ela consiste no fenômeno da imutabilidade da sentença pela preclusão (quando não se pode mais praticar determinado ato por força de lei) dos prazos para recursos. Dá-se porque a sentença não poderá ser reformada por meio de recursos, seja porque dela não caibam mais recursos, seja porque estes não foram interpostos no prazo fixado em lei, ou porque do recurso se desistiu ou do interposto se renunciou. Imutável o ato, dentro do processo, esgota-se a função jurisdicional. O Estado tem por cumprida a sua obrigação jurisdicional. Por outras palavras, o Estado, pelo seu órgão, faz a entrega da prestação jurisdicional, a que estava obrigado.

Coisa Julgada Material: imutabilidade da decisão perante outros processos. Não cabe mais recurso. A coisa julgada material tem força de lei, e por isso, tem força obrigatória, não só entre as partes como em relação a todos os juízes, que deverão respeitá-la. Betti (doutrinador) define como "força obrigatória e vinculante do acertamento de uma relação jurídica". O Código de Processo Civil no art. 467 define como "...a eficácia que torna imutável e indiscutível a sentença, não mais sujeita a recurso ordinário ou extraordinário", e a Constituição Federal lhe assegura no art. 5º inciso XXXVI, a antiga Lei de Introdução ao Código Civil no art. 6º, § 3º e o Código Tributário Nacional (Lei 5.172, de 25/10/66) nos artigos 105 e 106. Pode existir coisa julgada formal sem a material, mas não essa sem aquela.

Decisão: denominação genérica dos atos do juízo, provocada por petições das partes ou do julgamento do pedido analisando ou não o objeto central da questão submetida ao crivo do julgador.

Efeito Devolutivo: é um dos efeitos principais do recurso de levar ao conhecimento dos juízes ad quem (é para onde se remete o processo, que se achava em instância inferior, são os juízes de 2º Grau) o conhecimento integral da causa, de cuja sentença se apelou ou da decisão interlocutória (decisão que não põe fim ao processo) que se Agravou, ou seja, este ato praticado pelo agente tem a propriedade de levar ao conhecimento de outra pessoa a discussão da matéria que estava afeta a uma outra, a fim de que seja resolvido segundo o arbítrio ou atribuição daquela a quem se desenvolveu o conhecimento da causa.

Este é um dos seus sentidos, geralmente aplicável nos casos de apelação. Pode ser tomado o termo de devolução, como ato de regresso, ou entrega daquilo que se tinha, em virtude de ato posterior que a impõe. É efeito da restituição. Modernamente, o sentido da expressão significa a devolução ao órgão superior ou *ad quem* do conhecimento de matéria que, por previsão, o órgão inferior ou *a quo* deva encaminhar. Em regra, em matéria processual, os recursos somente têm efeito devolutivo.

Efeito Suspensivo: de suspenso (pendente, paralisado, interrompido), na linguagem jurídica é o vocábulo empregado, especialmente, para indicar o efeito atribuído a certas coisas, ou a certos fatos, em virtude do que tudo se susta, ou tudo se paralisa, até que cesse ou termine a sua influência.

Assim, a condição suspensiva, importa aos direitos e obrigações, que ficam em estado de pendência ou de interrupção, até que se desfaça a sua força. Portanto, efeito suspensivo se diz de todo ato ou de toda causa que venha produzir a suspensão do que se estava fazendo ou se pretendia fazer.

Geralmente, é a expressão usada para indicar um dos efeitos da apelação, quando todo processo da ação se paralisa, também não se dando começo à execução (em caso de Apelação recebida com efeito suspensivo), até que se decida o recurso interposto, pela instância superior, a quem se devolveu o conhecimento da causa. Existe, ainda, a possibilidade de se obter efeito suspensivo, no processo civil, do Agravo de Instrumento interposto de decisão interlocutória (decisão que tem cunho decisório do Juiz, mas que não põe fim ao processo).

***Error in judicando*:** erro no julgar. Erro do juiz quanto do julgamento das questões de direito material suscitada na causa.

Error in procedendo: erro no proceder. Tratando-se de matéria jurídica, é o erro que se comete quando não se obedece a determinadas normas processuais: se o erro vem do juiz, cabe agravo de instrumento (recurso de decisão que não põe fim ao processo por isto chamada de decisão interlocutória) que pode interpor a parte prejudicada, perante o Tribunal a que o Juiz está hierarquicamente subordinado, isto é erro ou omissão do juiz quanto ao andamento do processo, prejudicando seu curso normal.

Habeas corpus: é um instrumento de proteção à liberdade de locomoção do indivíduo dentro do território nacional ou para fora dele contra atos ilegais ou abuso de poder praticado por agentes públicos. Pode ser preventivo, para impedir coações em vias de serem realizadas, ou repressivo, para sustar uma coação em andamento.

Habeas data: é destinado a assegurar o direito à informação sobre dados pessoais constantes em registros e bancos de dados governamentais ou de caráter público. Pode ser usado sempre que os responsáveis por esses bancos de dados se recusarem a fornecer informações pessoais aos próprios interessados.

Mandado de Injunção: individual ou coletivo, serve para assegurar o exercício de direito previsto na Constituição mas ainda não regulamentado. Cabe ao juiz elaborar uma norma para o caso concreto, permitindo o exercício do direito.

Mandado de Segurança: É usado para proteger os demais direitos não amparados pelo *habeas corpus* ou *habeas data* diante da realização ou da iminência de ato ilegal ou abuso de poder praticado por agente público. Também pode ser preventivo ou repressivo. A Constituição permite mandados de segurança coletivos, impetrados por partidos políticos com representação no

Congresso, organizações sindicais e demais entidades de classe ou por associações legalmente constituídas há pelo menos um ano.

Recurso Ordinário: é o remédio colocado à disposição das partes que estiverem insatisfeitas com a sentença proferida pelo Juiz Originário na Justiça do Trabalho, normalmente é dirigido aos Tribunais Regionais do Trabalho –T.R.T.(quando o Recurso é dirigido para o Tribunal Superior do Trabalho – T.S.T. chama-se Recurso de Revista).

Sentença: designação dos julgamentos proferidos por Juiz singular (monocrático), nos feitos submetidos à sua apreciação da qual sempre cabe apelação para o Tribunal (ou Turmas Recursais, no caso dos Juizados Especiais) hierarquicamente e imediatamente superior.

Referências bibliográficas

ALMEIDA, José Maurício Pinto de; COLUCCI, Maria Glória. *Lições de Teoria Geral do Processo*. 3ª edição. Curitiba: Juruá Editora, 1996.

ALVIM, Arruda. *Manual de Direito Processual Civil*, volume 1. São Paulo: Revista dos Tribunais, 1997.

BERMUDES, Sérgio. *Introdução ao Processo Civil*. 2ª edição. Rio de Janeiro: Forense, 1996.

CÂMARA, Alexandre Freitas. *Lições de Direito Processual Civil*. Volume 1. Rio de Janeiro: Freitas Bastos, 1998.

CAPEZ, Fernando. *Curso de Processo Penal*. 7ª edição. São Paulo: Saraiva, 2001.

CARNEIRO, Athos Gusmão. *Jurisdição e Competência*. São Paulo: Saraiva, 1997.

COSTA, José Rubens. *Manual de Processo Civil - Teoria Geral a Ajuizamento da Ação*. Volume 1. São Paulo: Saraiva, 1994.

COUTURE, Eduardo, J. *Fundamentos do Direito Processual Civil*. São Paulo: RED Livros, 1999.

ECHANDIA, Ernando Devis, *"Nociones Generales de Derecho Procesal Civil"*, Madrid, Aguilar, 1966.

ESPÍNOLA FILHO, E., *Código de Processo Civil Brasileiro*. Volume 1. 1942.

FERREIRA, Pinto. *Curso de Direito Processual Civil*. São Paulo: Saraiva, 1998.

GRECO FILHO, Vicente. *Direito Processual Civil Brasileiro*, volume 1. São Paulo: Saraiva, 1996.

JÚNIOR, Nelson Nery. *Princípios do Processo Civil na Constituição Federal*. 7ª edição rev. e atual. Coleção Estudos de Direito de Processo Enrico Tullio Liebman; v. 21. Com. às Leis 10.352/2001 e 10.358/2001. São Paulo. RT, 2002.

MACHADO, Antônio Cláudio da Costa. *Código de Processo Civil Interpretado*. São Paulo: Saraiva, 1997.

PANCOTTI, José Antônio. *Elementos do Processo Civil de Conhecimento.* São Paulo: LTr, 1997.

PORTANOVA, Rui. *Princípios do Processo Civil.* Porto Alegre: Livraria do Advogado, 1995.

SÁ, Djanira Maria Radamés de. *Teoria Geral do Direito Processual – A Lide e sua Resolução.* 2ª edição. São Paulo: Saraiva, 1998.

SANTOS, Ernane Fidélis dos. *Manual de Direito Processual Civil,* volume 1. São Paulo: Saraiva, 1997.

SANTOS, Moacyr Amaral. *Primeiras Linhas de Direito Processual Civil,* 1º volume. São Paulo: Saraiva, 1997.

SILVA, Ovídio A. Baptista da. *Curso de Processo Civil.* Volume 1. 2ª edição. Porto Alegre: Sergio Antonio Fabris, 1991.

THEODORO JÚNIOR, Humberto. *Curso de Direito Processual Civil,* volume 1. Rio de Janeiro: Forense, 1999.

TOURINHO FILHO, Fernando da Costa. *Manual de Processo Penal.* 3ª edição. São Paulo: Saraiva, 2001.